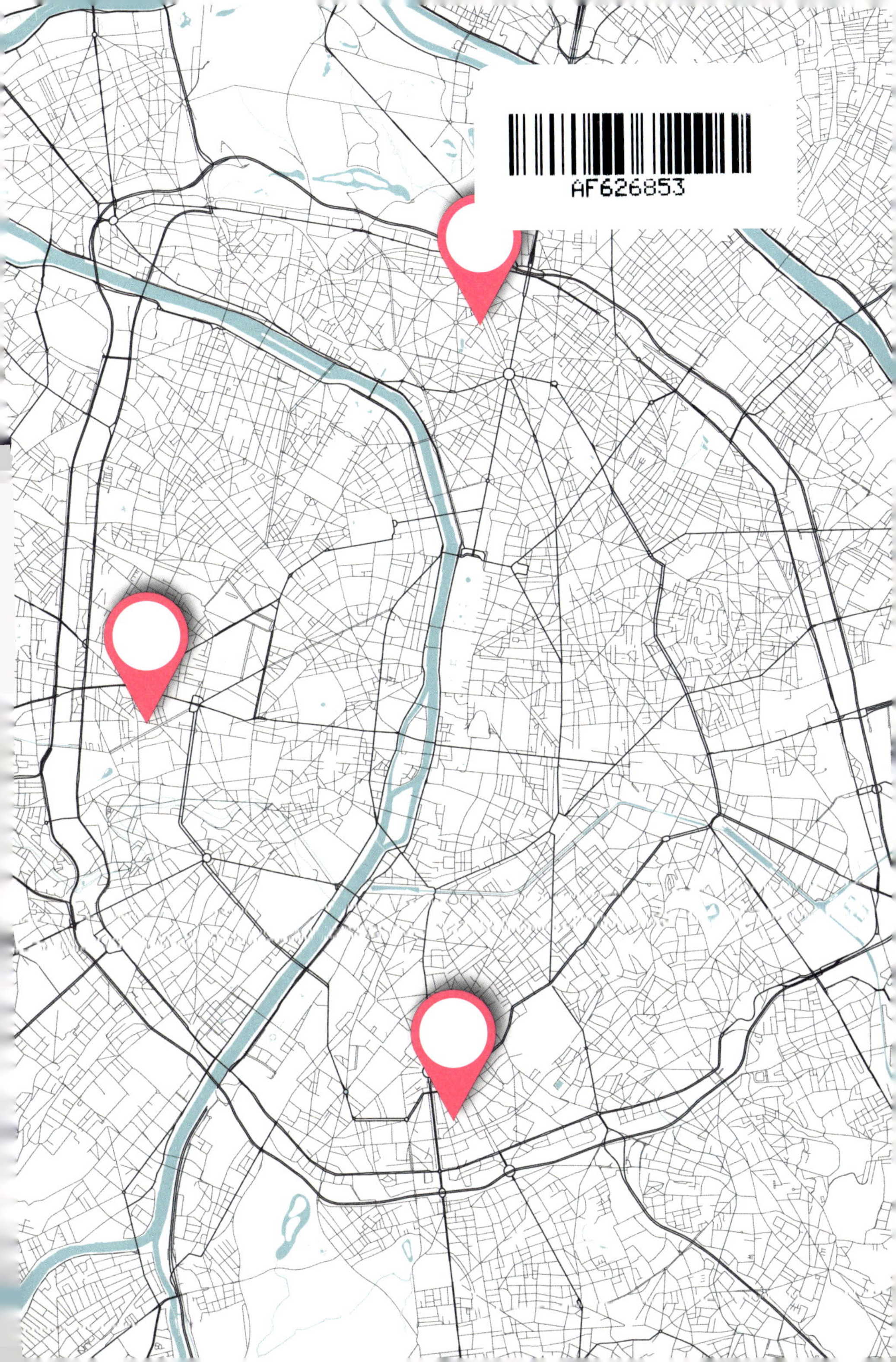

Daniel Wiechmann

Der verrückteste Reiseführer Europas

Daniel Wiechmann

Der verrückteste Reiseführer Europas

Verborgene Orte, bizarre Gebäude und geheimnisvolle Landschaften

riva

Bibliografische Information der Deutschen Nationalbibliothek
Die Deutsche Nationalbibliothek verzeichnet diese Publikation in der Deutschen Nationalbibliografie. Detaillierte bibliografische Daten sind im Internet über https://dnb.de abrufbar.

Für Fragen und Anregungen
info@m-vg.de

Wichtiger Hinweis
Ausschließlich zum Zweck der besseren Lesbarkeit wurde auf eine genderspezifische Schreibweise sowie eine Mehrfachbezeichnung verzichtet. Alle personenbezogenen Bezeichnungen sind somit geschlechtsneutral zu verstehen.

Originalausgabe
2. Auflage 2025

Türkenstraße 89
80799 München
Tel.: 089 651285-0

Redaktion: Selina Hartmann
Umschlaggestaltung: Sabrina Pronold
Umschlagabbildung: Adobe Stock/vnevo; Marcin; Darek Bednarek; Iryna; Shutterstock/Borja Andreu; Mark Rademaker; cavidali; Imago Images/YAY Images; https://commons.wikimedia.org/wiki/File:Plane_Wreck_Solheimasandur_Iceland_Travel_Photography_(208533789).jpeg Giuseppe Milo, CC BY 3.0 Deed <https://creativecommons.org/licenses/by/3.0/deed.de>, via Wikimedia Commons
Layout: Manuela Amode
Satz: reinsatz . Roman Heinemann
Druck: Florjancic Tisk d.o.o., Slowenien
Printed in the EU

ISBN Print 978-3-7423-2044-5
ISBN E-Book (PDF) 978-3-7453-2472-3
ISBN E-Book (EPUB, Mobi) 978-3-7453-2471-6

INHALT

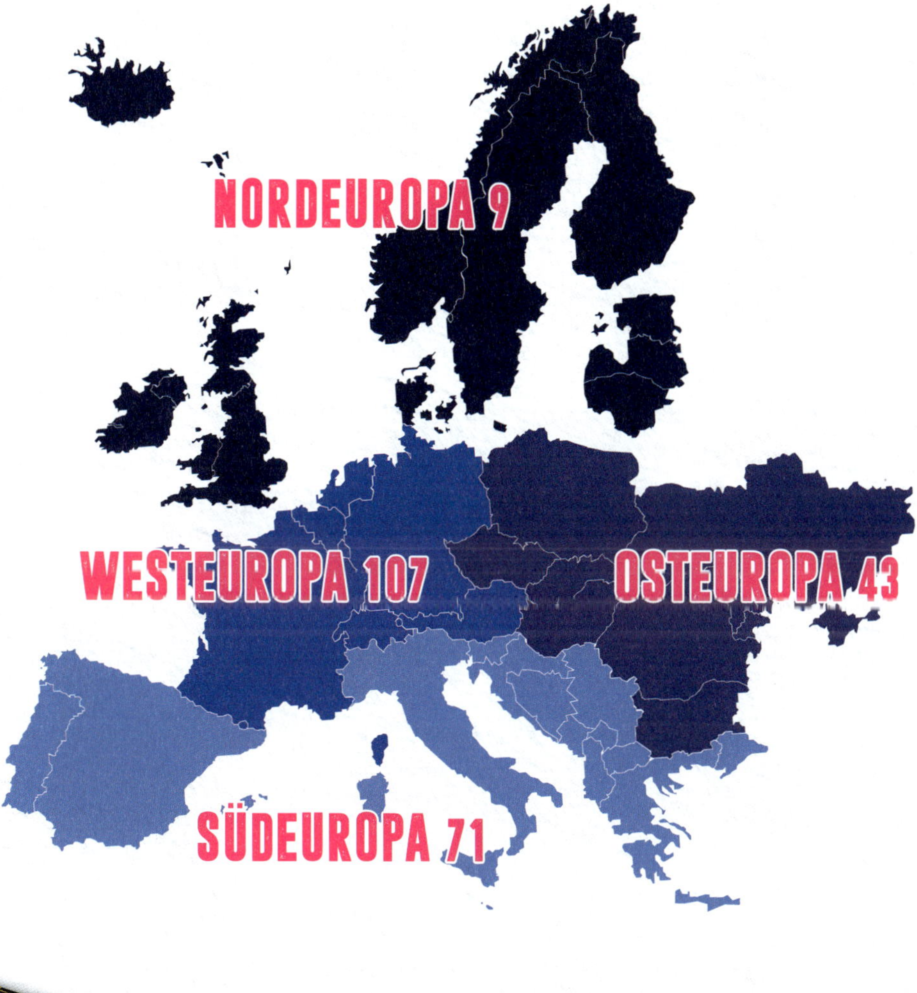

Vorwort

Auf die Reise, fertig, los! Nach *Der verrückteste Reiseführer Deutschlands* und *Der verrückteste Reiseführer Deutschlands 2* folgt nun endlich auch der ultimative Guide zu den 115 außergewöhnlichsten Reisezielen Europas. Staune in der Türkei über das komplett in einen Felsen gehauene Kloster von Kıyıköy. Ergründe in Polen das Geheimnis der runden Bäume im Krummen Wald. Fahre in den Niederlanden mit dem Fahrrad durch einen See hindurch oder lass dich nachts von den magischen Lichtern auf dem Van-Gogh-Fahrradweg verzaubern.

Reise nach Griechenland und fühle dort die Lebenskraft des ältesten Olivenbaums der Welt. Bewundere in Italien die Kletterkunst der Gämsen auf der steil nach unten abfallenden Staumauer des Cingino-Dammes. Reise durch die Geschichte der Lust im Sexmaschinen-Museum in Prag. Erlebe in Frankreich Wüstengefühle in der Dune du Pilat, der größten Wanderdüne Europas, und suche auf der Westmännerinsel in Island nach dem Elefanten, der den Atlantik leer trinkt.

Der verrückteste Reiseführer Europas zeigt dir atemberaubende Naturwunder, eindrucksvolle Landmarken, ungewöhnliche Architekturdenkmäler, große Kunstwerke, mystische Kraftorte, historische Gegenden, in denen du Geschichte entdecken und anfassen kannst, gruselige Lost Places oder kuriose Museen. Er führt dich garantiert an Orte in Nord-, Ost-, Süd- und Westeuropa, die eine besondere Geschichte erzählen oder Atmosphäre ausstrahlen. Natürlich erhebt die Aufzählung der Orte keinen Anspruch auf Vollständigkeit. Aufgrund der aktuellen politischen Geschehnisse wurden Russland und Belarus in der Recherche für dieses Buch nicht berücksichtigt. Viel Spaß beim Entdecken der verrücktesten Reiseziele Europas!

18
16
17
15
19
25
27
6
5
11
22
10
23
3
12
20
21
24
14
4
1
26
8
2
13
9
7

NORDEUROPA

1 Die Skipiste auf der Kopenhagener Müllverbrennungsanlage
2 Die tonnenschweren Wackelsteine Rokkestenen in Nexø
3 Wüstengefühle in Råbjerg Mile
4 Die weißen Riesen von Esbjerg
5 Das Gefängnis in Rummu
6 Die Temppeliaukio-Felsenkirche in Helsinki
7 Die Maunsell Sea Forts
8 Die Brimham Rocks in Nord-Yorkshire
9 Der Eingang zum Feenland in Glastonbury
10 Fingal's Cave auf der Isle of Staffa
11 Die Steinhäuser von Hirta
12 Die mystische Buchenallee in Ballymoney
13 Die Riesenhand von Vyrnwy
14 Das Proleek-Dolmen-Grab im County Louth
15 Das Flugzeugwrack am Strand von Sólheimasandur
16 Die Lavahöhle Raufarhólshellir bei Reykjavík
17 Die Höhle hinter dem Wasserfall bei Hvolsvöllur
18 Die Raketenkirche in Reykjavík
19 Der Elefantenkopf von Vestmannaeyjabær
20 Das Topfhaus in Žagarė
21 Der Berg der Kreuze bei Šiauliai
22 Der Kjeragbolten in Lysebotn
23 Der alte Militärstützpunkt im schwedischen Wald
24 Der Autofriedhof Kyrkö Mosse in Ryd
25 Das unsichtbare Baumhaus in Harads
26 Das Museum für ekliges Essen in Malmö
27 Der magische Trollweg in Idre

?!

Völlig verrückt

Die Skipiste auf der Kopenhagener Müllverbrennungsanlage

Müllverbrennungsanlagen gehören nicht gerade zu den Top-Sehenswürdigkeiten einer Stadt. In Kopenhagen ist das ein bisschen anders. Selbst die Einheimischen zieht es immer wieder nach Amager Bakke – auf den »Hügel von Amager« –, wie die Müllverbrennungsanlage heißt. 2017 wurde sie in Betrieb genommen. Zwei Jahre später entstanden auf dem schrägen Dach der Müllverbrennungsanlage eine rund 450 Meter lange Skipiste, eine Kletterwand und mehrere Cafés. Dieser Teil von Amager Bakke, der sich zu einem beliebten Ausflugsziel gemausert hat, trägt den Namen CopenHill. Die Skipiste ist mit einem speziellen Kunststoffteppich präpariert, der das Skifahren sogar im Sommer möglich macht. Doch selbst für diejenigen, die ohne Ski oder Snowboard nach Kopenhagen kommen, lohnt der Besuch von CopenHill. Die Aussicht von der 85 Meter hohen Plattform über die Stadt ist fantastisch. Ach ja, die 80 Meter hohe künstliche Kletterwand ist übrigens die höchste der Welt und ist kongenial in die Fassade der Müllverbrennungsanlage integriert.

Alles Wissenswerte zu CopenHill findet man hier: www.copenhill.dk/en

Vindmøllevej 6, 2300 Kopenhagen, Dänemark

Kraftorte

Die tonnenschweren Wackelsteine Rokkestenen in Nexø

Sich einmal fühlen wie Herkules? Die Wackelsteine auf der dänischen Insel Bornholm machen es möglich. Dabei handelt es sich um tonnenschwere Findlinge, die in der letzten Eiszeit in der Gegend zurückgelassen wurden. Sie heißen Wackelsteine, weil sie sich trotz ihres enormen Gewichts tatsächlich von einem Menschen ins Wanken bringen lassen. Vorausgesetzt, man setzt am richtigen Punkt an und findet einen guten Rhythmus bei der Kraftübertragung. Möglich macht das die besondere Lage der Steine auf ihrer Unterlage. Wer nicht glauben mag, dass ein Mensch einen mehr als 25 Tonnen schweren Stein ins Wackeln bringen kann, kann sich vorab auf YouTube davon überzeugen – einfach nach »Rokkestenen Bornholm« suchen – oder auf der dänischen Insel selbst Hand anlegen. Insgesamt finden sich drei dieser Wackelsteine auf Bornholm. Der größte liegt in den Paradisbakkerne, den sogenannten Paradieshügeln. Der mittlere in der Rutsker Hochheide und der kleinste der drei im Wald von Almindingen. Den größten der Steine erreicht man ganz einfach, indem man den Schildern vom in der Adresse angegebenen Parkplatz folgt. Viel Erfolg beim Rütteln!

Lisegårdsvejen 11, 3730 Nexø, Dänemark

Naturwunder

Wüstengefühle in Råbjerg Mile

Endlose Sandweiten in Dänemark? Wie in einer Wüste? Gibt es nicht. Gibt es eben doch! Råbjerg Mile, im nördlichsten Zipfel von Nordjütland gelegen, ist die größte Wanderdüne Nordeuropas und wird auch als dänische Sahara bezeichnet. Die einzigartige Naturlandschaft steht seit mehr als 100 Jahren unter Naturschutz und kann sich daher tatsächlich ungestört vom Menschen Richtung Osten bewegen. Immerhin 15 bis 18 Meter legt die 2 Quadratkilometer große Sanddüne im Jahr zurück. In rund 160 Jahren wird sie die Ostsee erreicht haben. Was in der Zwischenzeit mit der Bahnstrecke, die zwischen Düne und Ostsee liegt, geschieht, müssen sich die Dänen noch überlegen. Aber sie haben dafür ja auch noch genügend Zeit.

Beim Wandern in der Düne kommt man in den Genuss verschiedenster vom Wind geformter Sandstreifen und Hügel, wie in einer Wüste eben. Nur Kamele sucht man hier vergebens.

**Råbjerg Mile Vej,
9990 Skagen, Dänemark**

Achtung Kunst!

Die weißen Riesen von Esbjerg

Große Kunst im wahrsten Sinne des Wortes. Stolze 9 Meter sind die Skulpturen des dänischen Bildhauers Svend Wiig Hansen hoch, die den Titel »Der Mensch am Meer« tragen. Doch es ist nicht nur die Höhe der Figuren, die sie so imposant erscheinen lässt. Die vier sitzenden weißen Riesen ähneln uns Menschen zwar, wirken aber mit kräftigen Körpern und dem starren Blick gen Meer doch eher wie überlegene Außerirdische. Hinzu kommt die erhabene Position, in der sie sitzen. Als wären sie auf dem Sprung. Gerade im Begriff aufzustehen ..., nur was passiert dann? Die Figuren wurden 1994 zum 100-jährigen Jubiläum Esbjergs als selbstständige Gemeinde entworfen und 1995 enthüllt. Sie sind den Monumentalskulpturen des Pharaos Rames im Tempel von Abi Simbel nachempfunden, die allerdings sogar mehr als doppelt so hoch sind wie die Riesen am Strand von Sædding bei Esbjerg.

Sædding Strandvej 1, 6710 Esbjerg Kommune, Dänemark

Ruinen und Lost Places

Das Gefängnis in Rummu

Ein weißer Sandstrand und blaues Wasser, aus dem Ruinen emporragen. Teile des Ufers zieren außerdem bizarr ausgewaschene Felsformationen. Wie aufgefächert sehen die spitzen Steinscharten aus. Als würden sie jeden Augenblick auseinanderbrechen. Früher zu Sowjetzeiten befanden sich hier ein Gefängnis und ein Tagebau, in dem die bis zu 2000 Insassen – darunter zahlreiche Regimekritiker – unter härtesten Bedingungen arbeiten mussten. Nach 1991, dem Jahr, in dem Estland seine Unabhängigkeit zurückerlangte, wurde das 1938 erbaute Gefängnis immer weniger genutzt. Am 1. Januar 2013 wurde es schließlich ganz geschlossen. Da auch der Steinbruch stillgelegt wurde, begann er, sich nach und nach mit Grundwasser zu füllen und die alten Maschinen, Anlagen und Gebäude teilweise zu überfluten. So entstand ein eindrucksvoller Lost Place, der für Taucher sogar noch spektakulärer ist. Aber auch so lohnt der Besuch des Ortes, der täglich von 10 bis 20 Uhr geöffnet ist und an dem paradiesische Beachgefühle und Endzeitstimmung aufeinandertreffen.

Haapsalu mnt 13, 76102 Rummu, Estland

Geniale Architektur

Die Temppeliaukio-Felsenkirche in Helsinki

Eines der außergewöhnlichsten Kirchengebäude in Europa befindet sich in Helsinki im Stadtteil Etu-Töölö. Die Temppeliaukio-Felsenkirche wurde direkt in einen Granitfelsen gesprengt. Der Großteil der Kirchenwände besteht daher tatsächlich aus unbearbeitetem Gestein. Beeindruckend. Von außen ist das Gebäude zunächst vollkommen unscheinbar. Auch hier dominiert noch immer der natürliche Fels, aus dem plötzlich eine klar geformte Betonstruktur erwächst, die den Eingang zur Kirche markiert. Hinter dem Eingang ragt wiederum eine sanft geschwungene grüne Kupferkuppel empor. Im Inneren der Kirche sorgen 180 aneinandergereihte Tageslichtfenster für eine mystische Verbindung von Fels und Kuppel. Verantwortlich für den Bau, der im Jahr 1969 fertiggestellt wurde, waren die beiden Brüder Timo und Tuomo Suomalainen. Aufgrund der hervorragenden Akustik der Felsenkirche lohnt sich unbedingt auch ein Besuch eines der Konzerte, die hier regelmäßig stattfinden.

Die Kirche ist täglich von 10 bis 17 Uhr geöffnet. Unter der Woche kostet die Besichtigung der Kirche Eintritt für Besucher, die älter als 18 Jahre sind. Tickets können vor Ort oder online auf der Homepage der Kirche erworben werden: www.temppeliaukionkirkko.fi/en

Lutherinkatu 3, 00100 Helsinki, Finnland

Geschichte hautnah

Die Maunsell Sea Forts

Durchfährt man die Themse-Mündung vor Shoeburyness mit einem Boot, wird man bei gutem Wetter einen kleinen verrostenden Trupp der Allterrain-Angriffsläufer aus der *Star Wars*-Saga im Wasser stehen sehen. Stimmt so natürlich nicht ganz. In Wirklichkeit handelt es sich bei den rostigen Türmen und künstlichen Plattformen um die Überreste der Shivering Sands, einem Teil der sogenannten Maunsell Sea Forts, die im Zweiten Weltkrieg vom britischen Militär angelegt wurden, um den Schiffsverkehr nach London zu schützen und die deutsche Luftwaffe daran zu hindern, Minen in dem Gebiet abzusetzen. Von den ehemals sieben Forts stehen heute noch vier.

Shoeburyness SS3 9XR, Vereinigtes Königreich.
Koordinaten: 51°28'02.1"N 1°03'26.7"E

Naturwunder

Die Brimham Rocks in Nord-Yorkshire

Das Bauen von Steinmännchen ist ein beliebtes Spiel, bei dem man sein Balancegefühl trainieren und testen kann, wie viele Steine sich stapeln lassen, bevor der Turm doch umkippt. In Nord-Yorkshire scheint es, als hätte Riesen sich ebendiesem Spiel gewidmet. Mächtige Felsbrocken sind dort aufeinandergeschichtet und sehen aus, als würden sie jeden Moment kippen. Tun sie aber nicht. Selbst, wenn sie nur auf einem winzig kleinen Fundament zu stehen scheinen. Entstanden sind die Felstürme vor 325 Millionen Jahren. Was die Natur in diesem Zeitraum geschaffen hat, sind manche Menschen in der Lage binnen Minuten mutwillig einzureißen. 2018 etwa wurde die Zerstörung eines der Türme durch fünf Jugendliche beobachtet.

Öffnungszeiten zur Begehung der Felsformationen und weitere nützliche Informationen, etwa zur Anreise und zu Parkmöglichkeiten, findet man hier: www.nationaltrust.org.uk/visit/yorkshire/brimham-rocks

Brimham Moor Road, Harrogate HG3 4DW, Vereinigtes Königreich

Kraftorte

Der Eingang zum Feenland in Glastonbury

Es gibt Orte, die man besichtigt und dabei sofort von einer besonderen Energie erfasst wird. Ein solcher Ort ist auch Glastonbury Tor. Dabei handelt es sich um einen 158 Meter hohen Hügel, der – wie Fundstücke vermuten lassen – bereits seit der Steinzeit besiedelt ist. Der konische Hügel enthält Terrassen, die wohl natürlichen Ursprungs sind, aber wie angelegt wirken. Auf dem Hügel finden sich die Reste des Turms der Kirche St Michael's aus dem 14. Jahrhundert. Der Turm verfügt über einen großen Eingang, der – weil die Kirche dahinter fehlt – jedoch wie ein Tor oder ein Durchgang aussieht. Und zwar kein gewöhnliches Tor, sondern das zu einer anderen Dimension. Laut keltischer Sagen bildet der Berg den Eingang zu Avalon, dem Land der Feen.

Heute kann man vor allem in den nicht so überlaufenen Morgenstunden die Energie, die von diesem Kraftort ausgeht, besonders intensiv spüren.

Glastonbury BA6 8BG, Vereinigtes Königreich. Koordinaten: 51°8'41"N 2°41'55"W

Naturwunder

Fingal's Cave auf der Isle of Staffa

Bereits die Anfahrt zu Fingal's Cave auf der schottischen Insel Staffa ist ein Erlebnis. Am besten fährt man mit einem der Tourenanbieter in Fionnphort, Ulva, Iona, Tobermory, Oban oder Kilchoan los. Auf der Fahrt kommt man der Ausgesetztheit und dem rauen Charme, den die Inselgruppe der Hebriden versprüht, emotional besonders nah. Hier in dieser Gegend gibt es nichts. Und doch alles. Und vor allem ein fantastisches Naturwunder: Fingal's Cave. Die Höhle ist zum Meer hin offen. Etwa 85 Meter geht es hinein. Was Fingal's Cave so besonders macht, sind die quadratischen Basaltsäulen, die aussehen, als wären sie sorgfältig in den Felsen geschlagen worden. Und auch wenn einem der Kopf immer wieder sagt, dass die Säulen natürlichen Ursprungs sind, fühlen sie sich irgendwie unheimlich an. Als wären sie nicht von dieser Welt. Wenn es ein Tor zur Hölle gibt: So würde es wohl aussehen.

Überall auf der unbewohnten Insel finden sich weitere faszinierende Basalt-Landschaften. Terrassen, Pyramidenwände … immer geprägt von der besonderen quadratischen Struktur des Gesteins, das sich unwirklich zusammenfügt.

Isle of Staffa, Vereinigtes Königreich.
Koordinaten: 56°25'53"N 6°20'28.8"W

Ruinen und Lost Places

Die Steinhäuser von Hirta

Die Reise nach Hirta, einer der fünf Inseln der der Inselgruppe St. Kilda, ist eine Reise in die Vergangenheit und eine Reise in die menschliche Psyche zugleich. Die kleine Insel – rund 7 Quadratmeter groß mit einer Küstenlinie von nur 15 Kilometern – zählt zu den Äußeren Hebriden und ist die Hauptinsel von St. Kilda. Sie liegt irgendwo im westlichen Meer von Schottland, weit entfernt von der Küste und der Zivilisation. Auf der noch kleineren Insel Soay, in unmittelbarer Nachbarschaft von Hirta, befindet sich der westlichste Punkt Englands. Zwei bis drei Stunden dauert die Fahrt mit dem Boot, um überhaupt nach Hirta zu gelangen. Umso verblüffender ist die Tatsache, dass Hirta rund 2000 Jahre lang bewohnt war, und zwar bis 1930. Dann mussten die letzten rund 100 Menschen, die noch auf der Insel verblieben waren, das Land räumen. Versuche, das Leben zu modernisieren, scheiterten, auch weil die dafür neu gebauten Häuser den widrigen Wetterbedingungen der Insel nicht standhielten. Noch immer zeugt eine Vielzahl an teils uralten einfachen Steinhäusern von der Besiedelung, die es einst gab. Diese Häuser und die Abgeschiedenheit der Insel belegen, unter welch widrigen und einfachen Umständen der Mensch in der Lage ist, zu überleben. Gleichzeitig stellt sich die Frage, warum die Menschen überhaupt bereit waren, ausgerechnet auf diesem winzigen Flecken Erde zu hausen. Was hielt sie so lange in dieser Einsamkeit?

Hirta, Vereinigtes Königreich.
Koordinaten: 57°48'47"N 8°34'9"W

Gruseliges

Die mystische Buchenallee in Ballymoney

Seit ihrem Gastauftritt als »Königsweg« in der Kultserie *Game Of Thrones* ist die »The Dark Hedges« genannte Buchenallee in Nordirland einem breiten Publikum bekannt geworden. Die sich scheinbar nach allen Seiten windenden, knorrigen Bäume verströmen einfach eine herrlich-gespenstische Atmosphäre. Bis Ende 2017 war es erlaubt, mit dem Auto auf der Bregagh Road zu fahren. Heute kann man die Allee immer noch zu Fuß erkunden. Hinter jedem Baum vermutet man ein Monster oder einen Geist. Entsprechende Spukgeschichten gibt es zuhauf. Entstanden ist dieser mystische Kraftort, weil James Stuart und seine Frau Gracy Lynd, die hier ein Anwesen besaßen, im Jahr 1775 auf die Idee kamen, am Weg zu ihrem gregorianischen Herrenhaus »Gracehill House« mehr als 150 Buchen zu pflanzen. Sie wollten damit ihren Gästen einen imposanten Empfang bereiten. Je größer die Bäume wurden, desto mehr ging der Plan tatsächlich auf. Und er funktioniert auch noch heute. Immerhin 83 Bäume haben die Zeit bis heute überlebt. Allerdings fielen allein seit 2016 sieben Bäume schweren Stürmen zum Opfer. Daher gilt es, besser keine Zeit zu verschwenden, um die Gruselallee selbst in Augenschein zu nehmen.

Bregagh Rd, Ballymoney BT53 8PX, Vereinigtes Königreich

Achtung Kunst!

Die Riesenhand von Vyrnwy

Der Lake Vyrnwy im Norden von Wales bietet eine wunderschöne Landschaft mit sanft geschwungenen Hügeln, grünen Wäldern und natürlich dem langgestreckten See, der an vielen Stellen zum Baden einlädt. Nicht entgehen lassen sollte man sich jedoch den Giants of Vyrnwy Trail, der einen zu einem spektakulären Kraftort führt. 2011 hörte der Künstler Simon O'Rourke in den Nachrichten, dass der höchste Baum von Wales beschädigt sei und in Teilen gefällt werden müsse. Gleichzeitig diskutierten offizielle Stellen, ob sich aus dem meterhohen Baumstumpf nicht ein Kunstwerk schaffen ließe. Immerhin handelte es sich hier ja nicht um irgendeinen Baum, sondern um den höchsten Baum von Wales. Und an genau dieser Stelle kam Simon O'Rourke ins Spiel, der die Idee für ein außergewöhnliches Kunstwerk hatte. O'Rourke schuf eine riesige Hand, die direkt aus dem Stumpf des einst größten Baumes von Wales erwächst. Allein vom Handgelenk bis zur längsten Fingerspitze misst die Hand stolze 2,25 Meter. Der erhaltene Teil des Baumstumpfes dient als Arm. Die Hand wirkt wie die eines Soldaten, der von einer tödlichen Kugel getroffen zu Boden gesunken ist und noch einmal versucht, den Himmel zu greifen. Der pure Lebenswille im Sterben. Eindringlicher hätte man die Geschichte des einst höchsten Baumes von Wales nicht erzählen können.

B4393, Oswestry SY10 0ND, Vereinigtes Königreich

Kraftorte

Das Proleek-Dolmen-Grab im County Louth

Der Proleek Dolmen gehört zu den eindrucksvollsten Megalithanlagen in Irland. Steingräber dieser Art entstanden etwa um 3000 vor Christus, daher gehen Wissenschaftler davon aus, dass auch der Proleek Dolmen heute circa 5000 Jahre alt ist. Er hat die Form eines sogenannten Portalgrabes. Typisch dafür sind zwei mächtige Türsteine, auf denen ein riesiger Deckstein liegt. Allein der Deckstein des Proleek Dolmen ist 40 Tonnen schwer. Fast 4 Meter hoch ist das Grabportal, hinter dem sich früher noch eine Grabkammer befunden haben muss, die heute jedoch nicht mehr erhalten ist. Bis heute weiß die Wissenschaft nicht genau, wie es den Menschen damals gelang, diese massiven Grabanlagen zu errichten. Wundere dich übrigens nicht, dass auf dem Deckstein zahlreiche kleine Steine liegen. Sie werden von Besuchern hinaufgeworfen. Wem es gelingt, dass sein Stein auf dem leicht schrägen Dachstein liegen bleibt, der wird – so die Legende – innerhalb eines Jahres heiraten. Viel Glück beim Werfen!

Proleek Dolmen, Dundalk, Co. Louth, Irland. Koordinaten: 54°2‘14.1"N 6°20‘52.3"W

?!

Völlig verrückt

Das Flugzeugwrack am Strand von Sólheimasandur

Dass in Island das Wetter gern mal ein bisschen rauer ist, bekam 1973 auch die Besatzung eines Nachschubflugzeuges der US-Navy zu spüren. Die kalten Temperaturen vereisten Teile der Douglas C-117D, die daraufhin auf einem zugefrorenen Fluss bei Sólheimasandur im Süden Island notlandete. Zum Glück kam dabei keines der sieben Besatzungsmitglieder zu Schaden. Das Flugzeug selbst kam nicht ganz so glimpflich davon. Die US-Navy verzichtete daher auf die Bergung des Wracks, das seither am Strand langsam zerfällt. Da der Großteil des Rumpfes trotz Beschusses (ja, es gab Menschen, die der Meinung waren, auf das Flugzeug schießen zu müssen ...) und zahlreicher Versuche, auf den Rumpf zu klettern, noch immer relativ gut in Takt ist, ist der einsame Lavastrand von Sólheimasandur zu einer noch beliebteren Touristenattraktion geworden. Der Vandalismus einiger Touristen hat jedoch dazu geführt, dass die Einheimischen Besucher nicht immer mit offenen Armen empfangen.

Wer nicht auf eigene Faust zum Strand fahren will, kann sich einer offiziellen Tour anschließen, die beispielsweise ab Reykjavík angeboten werden.

871, Island.
Koordinaten: 63°27'32.7"N 19°21'51"W

Naturwunder

Die Lavahöhle Raufarhólshellir bei Reykjavík

Island, Land der Vulkane. 130 Stück sind auf der Insel im Europäischen Nordmeer verzeichnet. Rund 30 Vulkansysteme gelten noch immer als aktiv. Die ständigen Vulkanaktivitäten haben überall auf der Insel kleinere und größere Lavahöhlen geschaffen. Eine der größten und spektakulärsten ist der sogenannte Raufarhólshellir-Lavatunnel. Die Lavahöhle entstand vor mehr als 5000 Jahren und ist knapp 1,5 Kilometer lang. Drinnen erwarten einen in allen Farben schimmernde Steinwände und eine Vielzahl an natürlich entstandenen Eisskulpturen. Faszinierend sind auch die Lichtspiele an den Stellen der Höhle, in denen Deckendurchbrüche das Tageslicht in den Tunnel hineinlassen. Viele der Stalaktiten, die sich in der Höhle befinden, sind leider abgebrochen. Souvenirs für Menschen, die die Höhle besichtigten, bevor diese offiziell erschlossen und mit einem Eintrittstor versehen wurde.

Informationen zur Höhle, zu Eintrittspreisen und Anreise findet man auf www.thelavatunnel.is

816, Island.
Koordinaten: 63°56′23.7″N 21°23′46.8″W

Naturwunder

Die Höhle hinter dem Wasserfall bei Hvolsvöllur

Manchmal, da scheint es, dass der liebe Gott auch so seine Tage hatte. Tage, an denen halt nur etwas Unspektakuläres herauskommen konnte. Schnell hingehuscht, das Ganze. Weil gerade so viel zu tun ist. Es muss ja weitergehen. Und dann muss er aber auch andere Tage gehabt haben. Tage, an denen Landschaften wie die am Seljalandsfoss im Süden Islands entstanden sind. Der Wasserfall ist für sich genommen schon spektakulär. Fast 70 Meter stürzt er in mehreren Bändern einen mit grünem Gras und Moss bewachsenen Felsvorsprung hinab. Doch es kommt noch besser. Hinter dem Wasserfall befindet sich nämlich eine Höhle, in die man hineingehen kann und, versunken im ständigen Rauschen des Wassers, von hinten auf den Seljalandsfoss schaut. Was für eine Aussicht. Wer noch nach *dem* perfekten Spot für einen Heiratsantrag sucht: Hier ist er! An Tagen, an denen die Abendsonne die Höhle in ein orangefarbenes Licht taucht, ist die Atmosphäre in der Höhle besonders stimmungsvoll. Und wenn man schon mal in der Gegend ist, wandert man am besten noch eine Viertelstunde weiter zum Gljúfrabúi. Dieser Wasserfall ist zwar etwas kleiner als der Seljalandsfoss, allerdings gelangt man zu ihm nur durch eine enge Schlucht, deren Anblick ebenso magisch ist wie der des großen Seljalandsfoss.

861, Island. Koordinaten: 63°36'56.2"N 19°59'16.4"W

Geniale Architektur

Die Raketenkirche in Reykjavík

Dann hebt sie ab … und völlig losgelöst, von der Erde, schwebt die Kirche … völlig schwerelos. Die evangelisch-lutherische Pfarrkirche Hallgrímskirkja vereint einige Superlative in sich. Sie ist mit rund 75 Metern die höchste Kirche Islands, das zweithöchste Gebäude des Landes und das sechstgrößte Gebäude der Insel überhaupt. Schon mal nicht schlecht, doch was die Kirche, die im Jahr 1986 fertiggestellt wurde, so besonders macht, ist nicht die Höhe ihres Turms, sondern ihre Form. Die Front der Kirche sieht aus wie eine riesige Rakete, die fertig aufgetankt an der Startrampe darauf wartet, endlich ins Weltall zu fliegen. Die Intention des Architekten Guðjón Samúelsson war diese Assoziation jedoch nicht. Die aneinandergereihten Betonsäulen sollen gleichzeitig an Orgelpfeifen und an die Basaltsäulen erinnern, wie sie sich zum Beispiel im isländischen Stuðlagil Canyon befinden. Während das Äußere der Kirche eher Science-Fiction-mäßig daherkommt, dominieren im Inneren nüchtern-gotische Elemente, die an einen Elben-Palast erinnern, wie man ihn aus der *Herr der Ringe*-Trilogie kennt.

Wer möchte, kann ein Ticket zur Besichtigung des Kirchturms erwerben. Informationen dazu und zu Öffnungszeiten und Kirchenkonzerten findet man hier: www.hallgrimskirkja.is

Hallgrímstorg 1, 101 Reykjavík, Island

Naturwunder

Der Elefantenkopf von Vestmannaeyjabær

Dieser Elefant ist niemals durstig. Seit tausenden Jahren hängt sein Rüssel im Wasser. Dennoch ist seine Haut ledrig und ausgetrocknet. Zumindest im Hochsommer ist das Bild des sogenannten Elefantenfelsen auf Vestmannaeyjabær, den Westmännerinseln, einfach perfekt. Zum Felsen an den Klippen von Heimaey gelangt man mit Mietwagen und Fähre oder per Boot ab Landeyjahöfn oder Þorlákshöfn in gut einer Stunde. Und wenn man schon mal auf der Insel ist: Man kann hier auch den Vulkan Eldfell erwandern, der zuletzt 1973 ausgebrochen ist und dabei einige Häuser unter sich begraben hat.

Heimaey, Vestmannaeyjabær, Island.
Koordinaten: 63°26'21.8"N 20°18'39.7"W

?!

Völlig verrückt

Das Topfhaus in Žagarė 🇱🇹

Was macht ein Mensch, wenn ihm langweilig ist? Aus dem Fenster schauen. In der Nase bohren. Tief ein- und ausatmen. Oder er beginnt wie Edmundas Vaičiulis damit, an der Fassade seines Hauses alte Blechtöpfe und -kannen anzubringen. Anfangs nur ein paar wenige. Doch mit der Zeit wurden es immer mehr und das unscheinbare Haus in Žagarė wurde zu einem echten Unikat, das nicht nur den Bewohnern, sondern auch Menschen auf der Durchreise gefiel. Tja, und seitdem sich die Sache mit Topfhaus schließlich immer weiter und weiter herumgesprochen hat, kommen andauernd wildfremde Menschen bei Edmundas vorbei, um ihm noch mehr Töpfe zu bringen oder um ein Foto mit ihm zu machen. Langweilig? Ist dem Ingenieur seitdem nicht mehr ganz so oft.

153 29, Žagarė, 84318 Joniškio r. sav., Litauen

?!

Völlig verrückt

Der Berg der Kreuze bei Šiauliai

Der Berg der Kreuze ist ein atmosphärisch unheimlich dichter Wallfahrtsort. Er befindet sich rund 100 Kilometer südwestlich der litauischen Hauptstadt Riga. Mehr als 50 000 Kreuze unterschiedlicher Größe befinden sich auf dem Hügel, darunter auch viele Rosenkränze und kleine Kreuze an Ketten, die im Wind aneinanderschlagen und für ein permanentes Klirren sorgen. Die Geräusche der Kreuze verstärken die ohnehin schon mystische Aura des Ortes zusätzlich. Darüber, wie der Ort der Kreuze entstand, ranken sich verschiedene Sagen. Auf jeden Fall fingen die Menschen Mitte des 19. Jahrhunderts an, Kreuze auf dem Berg, der eigentlich nur ein Hügel ist, aufzustellen. Anfang des 20. Jahrhunderts waren es jedoch gerade mal 150 Kreuze. Als Litauen schließlich von der kommunistischen Sowjetunion okkupiert wurde, ließ der Impuls, Kreuze aufzustellen, erst einmal nach. Zumal die sowjetischen Besatzer tausende Menschen nach Sibirien ins Gulag verschleppten. Als die Überlebenden in den Fünfzigerjahren in ihre Heimat zurückkehrten, lebte die Tradition mit dem Kreuzen wieder auf. Als

Dank, dass man überlebt hatte. Aber ein bisschen wohl auch aus Protest gegenüber den kommunistischen Herrschern. Denen war der Berg der Kreuze natürlich ein Dorn im Auge. Immer wieder gab es Räumungsaktionen, nach denen der Berg komplett kreuzfrei war. Doch immer wieder gelang es den Menschen, neue Kreuze aufzustellen. Und zwar nicht nur ein paar, sondern Tausende. Auf diese Weise wurde der Berg der Kreuze zu einem Symbol der litauischen Bevölkerung für das Fortleben ihrer kulturellen Eigenständigkeit, trotz Einverleibung durch die Sowjetunion. Der kleine Altarpavillon, der neben dem Meer aus Kreuzen steht, wurde 1993 anlässlich des Besuches von Papst Johannes Paul II. errichtet.

Jurgaičiai, 81439 Rajongemeinde Šiauliai, Litauen. Koordinaten: 56°0'55.2"N 23°24'59.6"E

Naturwunder

Der Kjeragbolten in Lysebotn

Den Kjeragbolten hat wahrscheinlich jeder schon einmal gesehen. Der runde Stein, der in einem Fjord in 100 Meter Höhe zwischen zwei steil abfallenden Wänden eingeklemmt ist, ist ein beliebtes Fotomotiv. Die erste Hürde auf dem Weg dorthin: Der 11 Kilometer lange Weg und die 800 Höhenmeter, die es dabei zu überwinden gilt. Der Startpunkt der Route befindet sich am Gasthof »Øygardstølen«. Die zweite Hürde präsentiert sich vor Ort: Wer auch nur einen Hauch von Höhenangst verspürt, sollte den Schritt auf den Kjeragbolten nicht wagen. So viel Platz, um sich sicher auf dem Stein zu bewegen oder gar festzuhalten, gibt es dann doch nicht. Wer sich allerdings schwindelfrei in den Bergen bewegen kann, für den ist der Kjeragbolten kein Problem. Der Zugang ist leichter, als es hinterher auf den nervenkitzelnden Bildern aussieht.

4127 Lysebotn, Norwegen.
Koordinaten: 59°2′1″N 6°35′36″E

Ruinen und Lost Places

Der alte Militärstützpunkt im schwedischen Wald

Für alle, die gern Paintball spielen: Packt eure Paintball-Pistolen und eure besten Freunde ein und macht euch auf den Weg nach Borås in Schweden. Etwas unterhalb der Stadt stoßt ihr mitten im Wald – in Google Maps einfach »Valvet, 504 93, Sweden« suchen – auf einen verlassenen Militärstützpunkt. Auf diesem stehen noch immer die Ruinen von Häusern, mit denen Soldaten früher hier den Häuserkampf trainiert haben. Eine bessere Arena für ein epische Paintball-Game werdet ihr so schnell nicht finden. Es gibt dort ein halbes Dutzend großer Häuser sowie ein paar kleine Schuppen und Schiffscontainer, die alle unterschiedlich Deckung bieten und bespielt werden können. In einigen der großen Häuser sind sogar zahlreiche Zwischenwände mit entsprechend vielen Deckungsmöglichkeiten eingebaut, die das Vorgehen besonders anspruchsvoll machen. Mittlerweile sind die Häuser von oben bis unten mit Graffiti übersäht. Was für ein Abenteuerspielplatz.

bei Bosnäs 504 93, Schweden.
Koordinaten: 57°40'26.2"N 12°53'11.7"E

Ruinen und Lost Places

Der Autofriedhof Kyrkö Mosse in Ryd

Mitten im Wald zwischen Torstensmåla und Ryd liegen plötzlich lauter Autowracks am Wegesrand. Der Autofriedhof, der nach dem nahe gelegenen Moor benannt ist, ist das Werk eines einzelnen Mannes. Åke Danielsson, der hier von 1914 bis 2000 lebte, verdiente seinen Lebensunterhalt zunächst als Torfstecher, später jedoch mit dem Ausschlachten und Verwerten von Autowracks. Die Teile, die Danielsson nicht verwerten konnte, darunter Türen, Chassis oder ganze Karosserien, lud er einfach im Wald ab, wo sie langsam, aber sicher verrosteten. Lange Zeit störte sich auch niemand an diesem seltsamen Gebaren, sodass der Autofriedhof stattliche Ausmaße annahm. Dass der Friedhof heute noch immer existiert, verdankt er seiner morbiden Ausstrahlung. Mittlerweile haben sich die Autos beinahe perfekt in die Landschaft assimiliert. Moose wachsen auf vielen Teilen. Rostbraun und Patinagrün fügen sich gefällig in die Naturlandschaft. Es wirkt, als hätte hier vor langer Zeit ein Unglück oder eine Katastrophe stattgefunden. Vielleicht ein Wirbelsturm oder ein Bombeneinschlag. Die Faszination des Ortes anerkennend, haben die schwedischen Behörden das Areal bis 2050 unter Schutz gestellt. Bis dahin sollen die Autowracks auf natürlichem Wege verwittert sein.

Värendsgatan, 362 96 Ryd, Schweden

Geniale Architektur

Das unsichtbare Baumhaus in Harads

Der »Mirrorcube« ist eins von acht individuell gestalteten Apartments des »Treehotels« im Wald von Harads, das mit seiner Einzigartigkeit Maßstäbe setzt. Beim »Mirrorcube« handelt es sich um ein Meisterwerk der Tarnung. Die 4x4x4 Meter große Würfelkonstruktion ist von Spiegelglas umhüllt, reflektiert zwischen den Bäumen sitzend die umgebende Natur und erscheint dadurch wie unsichtbar. Tatsächlich kann es passieren, dass man das Baumhaus im Wald erst einmal eine Weile lang suchen muss. Der Zugang erfolgt über eine Leiter, die herausgefahren wird, und eingefahren dem Standort des Baumhauses ebenfalls nicht preisgibt. Der kleine Würfel bietet Platz für zwei Personen. Mit etwas Glück lassen sich von hier aus Elche beobachten, die durch den Wald unterhalb der »Treehotels« streifen, und natürlich die Nordlichter. Entworfen wurde der »Mirrorcube« vom renommierten schwedischen Architektenduo Tham & Videgård. Wundervoll, wie Moderne und Natur im »Mirrorcube« miteinander verschmelzen.

Edeforsväg 2 A, 961 78 Harads, Schweden

Das Museum für ekliges Essen in Malmö

Das Museum für ekliges Essen in Malmö ist nichts für empfindliche Nasen oder schwache Mägen. Rund 80 Speisen aus aller Welt stellt das »Disgusting Food Museum« aus. Die Schweden selbst sind mit ihrem fermentierten Hering dabei, dessen Geruch die Noten von verrottetem Fisch und abgestandener Mülltonne vereint. Ganz großes kulinarische Kino ist der Casu Marzu, ein sardischer Käse, in den die sogenannte Käsefliege Piophila casei ihre Eier legt, aus denen dann kleine Maden schlüpfen. Die Maden fressen sich durch den Käse und sorgen für Geschmack und Reife. Sie werden lebend mit dem Käse verzehrt. Die Erfahrung, wonach Käse so riechen kann, macht man am Altar für stinkenden Käse. Tausendjährige Eier aus China dürfen in dem Museum ebenso wenige fehlen wie die übel riechende Durianfrucht aus Thailand. Wohlgemerkt: Alle vorgestellten Speisen gelten in ihren Kulturen überhaupt nicht als eklig, sondern als Delikatesse, und sind auch nicht gesundheitsgefährdend. Genau darüber wollen die Museumsmacher zum Nachdenken anregen. Denn nur, weil jemand die kulturellen Eigenheiten anderer nicht teilt, heißt das nicht, dass seine Ablehnung in Ekel oder Überheblichkeit münden muss.

Informationen zu Ausstellungen, Öffnungszeiten und Eintrittspreisen findet man hier: www.disgustingfoodmuseum.com

Södra Förstadsgatan 2, 211 43 Malmö, Schweden

?!

Völlig verrückt

Der magische Trollweg in Idre 🇸🇪

Autos, die bergauf rollen? Gibt es nicht. Gibt es doch, und zwar auf dem Trollvägen, dem Trollweg in Schweden. An diesem Ort werden die Gesetze der Physik verspottet. Und das muss man sich so vorstellen: Man parkt sein Auto am Fuße des magischen Hügels. Ein Schild am Straßenrand markiert die Stelle und liefert auch gleich die Gebrauchsanweisung in mehreren Sprachen mit. Dann legt man den Leerlauf ein, löst die Bremse und plötzlich – oh Wunder! – beginnt das Fahrzeug, langsam bergauf zu kriechen. Woran das liegt? Schuld können in Schweden natürlich nur Trolle sein, die normalerweise im Verborgenen leben, sich hier aber einen Spaß mit den Menschen erlauben. In Wahrheit handelt es sich beim Trollvägen jedoch um reine Physik, verkleidet als Zauberei. Wie bei anderen sogenannten »Gravity Hills« auf der Welt handelt es sich auch hier jedoch nicht eine Gravitationsstörung, wie manche gern behaupten, sondern um eine perfekte optische Illusion. Damit die funktioniert, müssen die Beschaffenheit des Geländes und die Positionierung der Horizontlinie dazu führen, dass unser Gehirn denkt, es gehe bergauf, obwohl es bergab geht. Als hätte Mutter Natur ihre eigene Version von Photoshop benutzt, um uns einen Streich zu spielen.

797 92 Idre, Schweden.
Koordinaten: 61°56′55.7″N 12°49′36.3″E

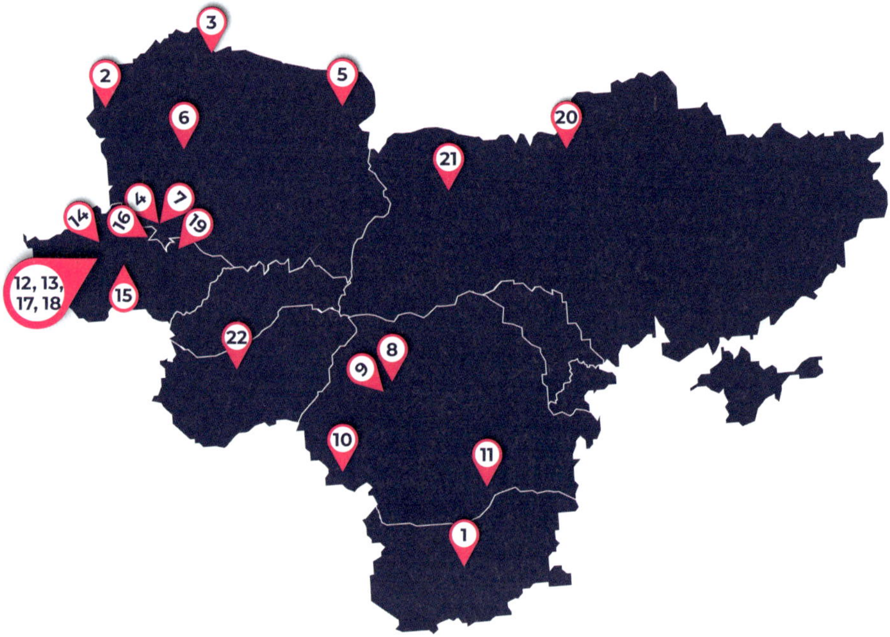

3
2
5
6
20
21
4
7
14
16
19
12, 13,
17, 18
15
22
8
9
10
11
1

OSTEUROPA

1 Das Beton-Ufo auf dem Chadschi Dimitar
2 Der Krumme Wald von Nowe Czarnowo
3 Das betrunkene Haus in Sopot
4 Die Friedenskirche Świdnica
5 Der Lokomotivfriedhof in Ełk
6 Die Bockwindmühlen von Moraczewo
7 Das Stollensystem des Projekts Riese
8 Der transsilvanische Spukwald Hoia-Baciu
9 Der Giftsee von Geamăna
10 Die Statue des Decebalus in Dubova
11 Das verlassene Kloster Chiajna
12 Das Bettpfannen- und Nachttopf-Museum in Prag
13 Das Sexmaschinenmuseum in Prag
14 Die Teufelsköpfe von Želízy
15 Die Knochenkirche in Sedlec
16 Die Felsenstadt in Adršpach
17 Der unendliche Bücherturm von Prag
18 Das tanzende Haus in Prag
19 Ein Wolkenspaziergang in Dolní Morava
20 Das geheimnisvolle Kurzwellensignal Woodpecker
21 Der Tunnel der Liebe in Klewan
22 Die Kindereisenbahner von Budapest

Ruinen und Lost Places

Das Beton-Ufo auf dem Chadschi Dimitar

Wer die einsamen Bergstraßen zum Gipfel des 1440 Meter hohen Chadschi Dimitar fährt, reibt sich irgendwann verwundert die Augen. Das dort oben auf dem Berg ist doch ein kreisrundes gigantisches Ufo! Und gleich nebenan ragt ein Turm in den Himmel, der wie eine riesige Antenne geformt ist. Das sogenannte Busludscha-Denkmal wurde 1981 eingeweiht. Es handelt sich dabei um ein im brutalistischen Stil errichtetes Gebäude der Kommunistischen Partei Bulgariens, das als Kultur- und Kongresszentrum genutzt wurde. Nach dem Zusammenbruch der sozialistischen Regierung im Jahr 1989 verlor das Gebäude zusehends an Bedeutung. Da niemand so recht am Erhalt interessiert war, setzten Plünderungen der Inneneinrichtung zu. Sogar Stahl und Eisen wurden dem Gebäude entnommen, das alsbald baufällig wird. Bis 2018 war das Denkmal zugänglich. Heute wird es in Teilen konserviert und kann zumindest von außen besichtigt werden. Im Winter, wenn die Landschaft und das Beton-Ufo mit Schnee überzogen sind, entstehen besonders eindrucksvolle Bilder.

in der Nähe von 6150 Schipka, Bulgarien. Koordinaten 42°44′8.7″N 25°23′37″E

Gruseliges

Der Krumme Wald von Nowe Czarnowo

Im Krzywy Las, dem Krummen Wald, traut man seinen Augen nicht, denn dort wachsen rund 100 Kiefern nicht etwa gerade gen Himmel, wie anderswo, sondern drehen einen seltsamen Bogen, bevor sie ihrer natürlichen vertikalen Wuchsrichtung folgen. Liegt ein Zauber über dem Wald? Ist eine Störung des Magnetfelds der Erde schuld daran, dass die Bäume hier im Bogen gewachsen sind? Theoretisch gibt es zahlreiche wissenschaftliche Erklärungen für den Rundknick in den Bäumen. Er könnte von Menschenhand, einer riesigen Schneelast oder von durchfahrenden Panzern verursacht worden sein. Doch egal, ob es nun Außerirdische oder Menschen waren, die hier für ein Wunder gesorgt haben: Die Bilder aus dem Krummen Wald bei Nowe Czarnowo kriegt man so schnell nicht wieder aus dem Kopf.

Przemysłowa 25, 74-105 Nowe Czarnowo, Polen

Geniale Architektur

Das betrunkene Haus in Sopot

Den Menschen in Osteuropa wird gern ein lockerer Umgang mit Alkohol nachgesagt. In Sopot bei Gdańsk trifft man jedoch auf ein Haus, bei dem es scheint, als habe es etwas zu tief ins Glas geschaut. Fenster und Türen wirken, als würden sie sich im Delirium winden. Alles ist verschwommen und man meint, jeden Augenblick müsse das arme Haus zusammenbrechen. Jeder, der schon mal einen über den Durst getrunken hat, weiß genau, wie sich das sogenannte Krzywy Domek, das Krumme Häuschen, gerade fühlt.

Hinter der verrückten Architektur verbirgt sich übrigens – recht schnöde – ein Einkaufszentrum. Na zdrowie!

Bohaterów Monte Cassino 53, 81-767 Sopot, Polen

www.krzywydomek.info
HOSPES SALVE...
KRZYWY DOMEK
COFFEE
KANTOR
BLIKPOL
KANTOR

Geniale Architektur

Die Friedenskirche Świdnica

Die 1657 eingeweihte Friedenskirche Zur heiligen Dreifaltigkeit in Świdnica ist die größte Fachwerkkirche Europas. Der von Albrecht von Saebisch entworfene Barockbau wurde dabei mit einfachsten Materialien wie Holz, Sand, Lehm und Stroh realisiert und wuchs dennoch zu stattlicher Größe. 7500 Menschen finden in der Kirche Platz. Wirkt das Fachwerk nach außen hin bodenständig und volksverbunden, entfaltet sich im Inneren der Kirche die volle Barockpracht – auf Holzbasis. Die Innenausstattung ist reich an Holzvertäfelungen, Schnitzwerk und Malereien, die sowohl die Decke als auch die Wände zieren. Und spätestens beim Anblick des Altars und der mächtigen Orgel mit ihren opulenten Barockverzierungen spürt man die Göttlichkeit dieses besonderen Ortes. Kein Wunder, dass die Friedenskirche seit 2001 zum UNESCO-Weltkulturerbe gehört.

plac Pokoju 6, 58-100 Świdnica, Polen

Geschichte hautnah

Der Lokomotivfriedhof in Ełk

Die Stadt Ełk in der malerischen Region Ermland-Masuren in Polen, ist bekannt für ihre lange Eisenbahngeschichte. Davon zeugen das Historische Lokmuseum und der sogenannte Lokomotivfriedhof, auf dem Dutzende alte Loks seit Jahren sich selbst überlassen sind. Das Lokmuseum in Ełk ist Teil des Historischen Museums der Stadt. Es beherbergt eine beeindruckende Sammlung liebevoll restaurierter historischer Schmalspur- und Normalspurlokomotiven. Auf dem nahe gelegenen Lokomotivfriedhof schlägt inmitten der rostigen Wracks die Stimmung dann schnell ins Melancholisch-Träumerische um. Der Anblick der verrosteten und von der Natur zurückeroberten Eisenbahngiganten bringt einem das Thema der Vergänglichkeit eindrucksvoll näher.

Informationen zu Öffnungszeiten und Eintrittspreisen des Historischen Museums findet man hier: www.2.muzeum.elk.pl/de

Wąski Tor 1, 19-300 Ełk, Polen

Geschichte hautnah

Die Bockwindmühlen von Moraczewo

Verlässt man das kleine Dörfchen Lednogóra auf der Droga wojewódzka, der Woiwodschaftsstraße Nummer 194 Richtung Westen, entdeckt der aufmerksame Fahrer nach etwa 1 Kilometer am Abzweig nach Moraczewo drei hölzerne Windmühlen auf der rechten Seite. Sie stehen auf einem kleinen Hügel. Früher konnten sie frei besichtigt werden. Um die Mühlen vor Vandalismus zu schützen, wurden sie jedoch vor einigen Jahren mit einem Metallzaun gesichert. Dennoch kommt man noch immer recht nah an die Kulturdenkmäler heran. Bei den Windmühlen handelt es sich um sogenannte Bockwindmühlen, einen der ältesten Windmühlentypen in Europa. Diese Mühlen standen auf einem sogenannten Bock, um sie nach der Windrichtung ausrichten zu können. Von den luftig designten Flügeln der Windmühlen sollte man sich nicht irritieren lassen. Je nach Windstärke wurden an die Flügel entsprechende Stoffschürzen angelegt, mit denen man die Windenergie einfangen konnte. Zwischen 60 und 90 Tonnen Getreide konnte eine dieser historischen Mühle pro Jahr durchschnittlich verarbeiten.

62-261 Moraczewo, Polen

Geschichte hautnah

Das Stollensystem des Projekts Riese

Das Projekt Riese war eines der ambitioniertesten Bauprojekte des Dritten Reiches. 1943 begann der Bau eines riesigen Stollensystems im polnischen Eulengebirge. Die miteinander verbundene Großanlage sollte als bombensicheres Führerhauptquartier sowie als Standort für das Oberkommando des Heeres und der Luftwaffe des Dritten Reiches dienen. Bis zu 20 000 Zwangsarbeiter, Kriegsgefangene und KZ-Häftlinge wurden unter unmenschlichen Bedingungen eingesetzt, um die Stollen in das harte Gestein zu treiben. Viele der Menschen überlebten die harten Arbeitsbedingungen nicht. Noch immer ranken sich zahlreiche Mythen um das Projekt Riese, dass es möglicherweise noch Tunnel gibt, die noch nicht entdeckt wurden. Auch der berühmte verschwundene Gold-Zug von Wałbrzych, in dem die Nazis angeblich geraubtes Gold sowie Kunstschätze transportiert haben sollen, wurde schon in einem der Stollen vermutet. Heute können zahlreiche der Anlagen, die eindringliches Mahnmal für die zerstörerische Gigantomanie des Nationalsozialismus sind, besichtigt werden. Zu den eindrucksvollsten gehört die Anlage Dorfbach.

Informationen zum Stollen und zu Besichtigungsmöglichkeiten findet man unter www.sztolnie.pl

3 Maja 26, 58-320 Walim, Polen

Gruseliges

Der transsilvanische Spukwald Hoia-Baciu

Das Waldgebiet Hoia-Baciu gilt auch als das Bermuda-Dreieck Europas. Zum Mythos beigetragen haben angebliche Ufo-Sichtungen, Menschen, die auf Nimmerwiedersehen im Wald verschwunden sein sollen und nun als Geister herumstreifen, oder eine fast kreisrunde Lichtung mitten im Wald, auf der keine Bäume oder Sträucher wachsen, ohne dass es dafür eine wissenschaftliche Erklärung gibt. Dass der Wald ausgerechnet in Transsilvanien liegt – Dracula, ick hör dir trapsen –, dürfte den Hype um die vielen Geister- und Alien-Geschichten noch weiter verstärkt haben. Fakt ist, dass in dem Waldgebiet vor allem in der Dämmerung und in den Morgenstunden eine tatsächlich gespenstische Atmosphäre herrscht. Sie wird hervorgerufen von den vielen Bäumen mit knochigen Wurzeln und merkwürdigen Wuchsrichtungen. Auf der besagten Lichtung, auf der nichts wächst, übernachten übrigens gern Menschen, die das Spukerlebnis noch ein bisschen intensivieren möchten. Um den Weg dorthin zu finden, einfach »Poiana Rotundă« bei Google Maps eingeben und sich führen lassen.

Cluj-Napoca 400000, Rumänien.
Koordinaten: 46°46'34.3"N 23°30'34.2"E

Ruinen und Lost Places

Der Giftsee von Geamăna

Die Geschichte, die hinter dem versunkenen rumänischen Dorf Geamăna steckt, ist eine traurige. 1970 wurden etwa 1000 Bewohner von hier vertrieben. Die Häuser der Menschen lagen in genau jenem Areal, das für ein Absetzbecken der nahe gelegenen Kupfermine Roșia Poieni benötigt wurde. Von dort pumpt der Minenbetreiber giftige Abfälle in das Tal, in dem sich mit der Zeit ein gigantischer Giftsee ausgebreitet hat. Der schimmert teils blutrot, teils orange, teils türkisfarben und ist an vielen Stellen von einer dicken Schicht giftigen Schlamms bedeckt. Im Jahr 2018 wurden bei einer Volkszählung noch elf in Geamăna lebende Familien verzeichnet. Drei Jahre später wurden dort keine Menschen mehr registriert. Aus dem See ragt mittlerweile nur noch die Spitze des alten Kirchturms heraus und erinnert an das versunkene Dorf. Doch auch er wird in vielleicht zwei, drei Jahren verschwunden sein, da der Pegel des Giftsees jedes Jahr um bis zu 1 Meter steigt.

Iaz decantare, Valea Șesii 517416, Rumänien

Landmarke

Die Statue des Decebalus in Dubova

Etwas grimmig schaut der Dakerkönig Decebalus drein. Seit 2004 ziert eine Felsstatue des letzten Königs von Dakien das Donauufer südwestlich von Orșova. Mit 55 Meter Höhe ist sie die größte in Europa. Sie verströmt dabei ordentliche Fantasy-Vibe und erinnert an die Argonath, die Säulen der Könige, aus der *Herr der Ringe*-Saga. Finanziert wurde der Felsgigant von Geschäftsmann Iosif Constantin Drăgan, der seinen Namen in einer großen Inschrift unter der Skulptur kurzerhand neben den Namen des Dakerkönigs stellte. »DECEBALUS REX – DRAGAN FECIT« (»König Decebal – Erbaut von Drăgan«) steht dort in großen Lettern zu lesen. Was dem einen sein Porsche oder seine Yacht zum Angeben ist, ist dem anderen halt eine Felsenstatue.

DN57, Dubova 227170, Rumänien

Ruinen und Lost Places

Das verlassene Kloster Chiajna

Über dieser eindrucksvollen Ruine stand niemals ein guter Stern. Zwischen 1774 und 1790 geplant und errichtet, wurde die Anlage noch vor der Weihe als Kloster durch einen Angriff der Türken vernichtet. Zumindest die Kirche blieb damals erhalten. Und ist es noch heute. Kein Wunder, verfügt sie doch über massive 2 Meter dicke Steinmauern. Erdbeben und der Zahn der Zeit setzen dem Gemäuer zwar weiter zu, doch dank seiner monolithischen Stellung im Norden Bukarests verströmt das verlassene Kloster Chiajna noch immer einen ganz besonderen Charme.

Drumul Săbăreni 172, București 060646, Rumänien

Schräge Museen

Das Bettpfannen- und Nachttopf-Museum in Prag

Was muss, das muss. Ein Nachttopf extra für Napoleon, der ihn jedoch nie benutzte. Wie Vasen verzierte Toiletten aus Porzellan. Uralte Sitztoiletten aus Holz (hoffentlich ordentlich abgeschliffen, damit kein Splitter im Hintern landet ...). Sogar gotische und barocke Toiletten, auf denen man im wahrsten Sinne des Wortes beim Geschäft thronen kann, finden sich in dem Museum für historische Toiletten, das auf beachtliche 2000 Ausstellungstücke kommt. Dass viele der historischen Bettpfannen und Nachttöpfe dabei genau wie Suppenschüsseln, Wasserkrüge oder Teekannen aussehen, könnte bei dem ein oder anderen Besucher einen komischen Beigeschmack hinterlassen. Hoffentlich kamen damals die Mägde und Knechte mit dem Geschirr im Haus nicht durcheinander.

Weitere Informationen: www.muzeumnocniku.cz/en/home

V Potočkách 1020/6, 143 00 Praha 12 Modřany, Tschechien

Schräge Museen

Das Sexmaschinen-museum in Prag

Klein, aber oho. Das kann auf viele Dinge zutreffen. Im Falle des Sexmaschinenmuseums von Prag stimmt es auf jeden Fall. Auf etwa 600 Quadratmetern Ausstellungsfläche begibt man sich hier auf eine besondere Entdeckungsreise. Unglaublich, wie einfallsreich die Menschen schon immer waren, wenn es um das Stimulieren oder aber um das Verhindern von Lust ging. So wechseln sich im Museum antike Dildos mit Keuschheitsgürteln und ersten Vibratoren mit Anti-Masturbations-Maschinen ab, die besorgte Eltern darüber informierten, wenn sich beim pubertierenden Jugendlichen eine sündhafte Erektion anbahnte. Neben allerlei Tools gibt es auch erste Schwarz-Weiß-Pornos zu sehen und Ausstellungsstücke, die die Ursprünge sexueller Spielarten wie der BDSM-Szene offenlegen. Definitiv ein Museum, das Lust auf mehr macht.

Melantrichova 476 /18, 110 00 Staré Město, Tschechien

Kraftorte

Die Teufelsköpfe von Želízy

Die Präsidentenköpfe von Mount Rushmore kennt die ganze Welt. Die Teufelsköpfe oberhalb des Dorfes Želízy kennt dagegen kaum jemand. Dabei zählen die 9 Meter großen in den Felsen gehauenen Köpfe zu den größten Felsenreliefs der Welt. Geschaffen wurden sie bereits Mitte des 19. Jahrhunderts in der Zeit der Romantik vom Bildhauer Václav Levý. Obwohl Witterung und Vandalismus den Köpfen bereits zugesetzt haben, geht von ihnen immer noch eine starke Faszination auf. Wer mag, kann auf einem Rundweg, der in Želízy startet, weitere Felsenreliefs wie die Harfenspielerin oder den Schlangenfelsen entdecken.

277 21 Želízy-Liběchov, Tschechien.
Koordinaten: 50°25′13.44″N 14°27′53.28″E

Gruseliges

Die Knochenkirche in Sedlec

Im 11. und 12. Jahrhundert entstanden im Zuge des anhaltenden Bevölkerungszuwachses überall in Europa sogenannten Beinhäuser, auch Ossarien oder Ossuarien genannt. Dabei handelte sich meist um kleine Kapellen, in deren unterirdischen Katakomben die noch nicht verwesten Gebeine von Verstorbenen verwahrt wurden. Die Schädel und Knochen wurden schlichtweg aus praktischen Gründen gesammelt, nämlich um Platz auf den Friedhöfen für neue Gräber zu schaffen. Ein solches Beinhaus befindet sich auch in Sedlec. Das Ossarium dort hebt sich auf spektakuläre Weise von anderen ab, denn die Gebeine liegen dort nicht einfach nur herum. 1870 schuf der Holzschnitzer František Rint aus den Gebeinen von 10 000 Menschen eine spektakuläre Inneneinrichtung. Etwa aus Knochen und Schädeln geformte Kronleuchter, Monstranzen, Pyramiden sowie das Wappen der Familie, die Rint beauftragte. Das Ergebnis ist ein unheimlich schauriger Ort.

Mehr Infos und Tickets gibt es hier: www.sedlec.info/de/beinhaus

Zámecká, 284 03 Kutná Hora 3, Tschechien

Naturwunder

Die Felsenstadt in Adršpach

Die Adersbach-Weckelsdorfer Felsenstadt ist ein Muss für alle Fantasy-Fans. Geht man auf das berühmte Gotische Tor zu, das sich zwischen meterhohe Felswände zwängt und hinter dem sich der Weg durch eine enge Felsschlucht windet, hat man das Gefühl, eine andere Welt zu betreten. Eine solche ist die Felsenstadt tatsächlich. Eine riesige Sandsteinplatte wurde über die Jahrtausende durch Regen, Sonne, Wind und Frost zerklüftet. Dabei entstanden metertiefe Schluchten und hunderte Felsnadeln, von denen einige wie von Menschenhand geformt wirken. Zu den berühmtesten gehören die Bürgermeisterin und der Bürgermeister, das Liebespaar oder Rübezahls Zahnstocher. Durch die Felsenstadt, für die Eintritt zu bezahlen ist, führen verschiedenen Wanderwege. Der Hauptweg ist 3,5 Kilometer lang. Für diese Wanderung sollte man etwa 2,5 Stunden einplanen.

Mehr Infos und Tickets gibt es unter www.adrspasskeskaly.cz/de.

549 57 Adršpach-Teplice nad Metují, Tschechien

Achtung Kunst!

Der unendliche Bücherturm von Prag

Lesen bildet. Und kann das Leben eines jeden von uns bereichern und verändern. Dieser verrückte Reiseführer ist das beste Beispiel dafür. Doch damit die Lust auf Bücher auch in Zukunft weiter anhält, müssen sich Verlage und Bibliotheken schon etwas einfallen lassen, um im Gespräch zu bleiben. Eine der fantastischsten Ideen hatten die Macher der Prager Stadtbibliothek: Aus rund 8000 Büchern ließen sie den Künstler Matej Krén einen unendlichen Bücherturm kreieren. Das »Idiom« genannte Kunstwerk steht in der Eingangshalle der Stadtbibliothek und reicht vom Boden bis zur Decke. Eine kleine Öffnung ermöglicht es den Besuchern, den Kopf in den Turm zu stecken. Und dort erleben sie ein Wunder. Der Turm hört nicht etwa am Boden oder der Decke auf. Er führt in die Unendlichkeit. Ein einfacher Spiegeltrick mit fantastischer Wirkung. Entsprechend groß ist der Andrang, der hier in der Regel herrscht, um das beliebte Fotomotiv mit eigenen Augen zu sehen.

Mariánské nám. 98/1, 110 00 Josefov, Tschechien

Geniale Architektur

Das tanzende Haus in Prag

Das tanzende Haus in Prag ist der beste Beweis dafür, dass Architektur, wenn sie denn will, sämtliche Emotionen bespielen kann. Der Sinnlichkeit, die das Gebäude ausstrahlt, kann man sich als Betrachter kaum entziehen. Es braucht wirklich nicht viel Fantasie, um sich hier zwei ineinander verschlungene Tanzende vorzustellen, die in Liebe und Leidenschaft verbunden sind. Die besondere Architektur des 1996 erbauten Hauses direkt am Ufer der Moldau hat die Stadt Prag unter anderem dem Architekten Frank O. Gehry zu verdanken, der nicht umsonst als einer der weltweit Bekanntesten seiner Zunft bekannt ist. Gemeinsam mit dem kroatischen Architekten Vlado Milunić realisierte Gehry das Haus, das übrigens als Hotel, Restaurant, Bar und Galerie genutzt wird.

Jiráskovo nám. 1981/6, 120 00 Nové Město, Tschechien

Abenteuer

Ein Wolkenspaziergang in Dolní Morava

Eine Achterbahn zum Laufen, die einem zusätzlich das Gefühl vermittelt, über den Wolken durch den Himmel zu gehen? Der Sky Walk im Nordosten von Tschechien macht's möglich! Der Sky Walk bei Dolní Morava ist Teil einer Abenteuer- und Vergnügungsanlage mit Sky Walk, Sky Bridge und Rodelbahn. Der Sky Walk befindet sich 1116 Meter über dem Meeresspiegel, schraubt sich spiralförmig in den Himmel und ist insgesamt 710 Meter lang. Neben einem fantastischen Ausblick sorgen auf dem Walk zahlreiche kleinere Attraktionen für zusätzlichen Nervenkitzel. Ganz oben ist ein Stahlnetz in den Boden eingearbeitet, das den Blick nach unten in 55 Meter Tiefe freigibt. Über einen Netztunnel kann man von einer Etage des gewundenen Sky Walks zu einer anderen klettern. Und dann ist da ja noch eine 100 Meter lange Rutsche, mit der sich der Abstieg etwas schneller gestalten lässt. Sie kostet allerdings neben dem Eintritt eine zusätzliche Nutzungsgebühr.

Wem der Sky Walk noch nicht genug war, der kann sich noch auf die 721 Meter lange Sky Bridge wagen, die 95 Meter über dem Erdboden schwebt.

Wissenswertes rund um die Anlage findet man hier: www.dolnimorava.cz/en

Velká Morava 46, 561 69 Dolní Morava-Králíky, Tschechien

Geschichte hautnah

Das geheimnisvolle Kurzwellensignal Woodpecker

Von 1976 bis 1989 rätselten Radiomacher und Funkamateure über ein mysteriöses Kurzwellensignal, das ihre Übertragungen immer wieder störte. Das Signal hörte sich wie das energische Klopfen eines Spechtes an, weshalb die Funk- und Radiogemeinde es auf den Namen Woodpecker taufte. Woher das Signal kam? Schon damals vermutete man, dass das Signal russischen Ursprungs sein musste. Und tatsächlich: Als die Sowjetunion 1989 zusammenbrach, wurde die Anlage, die für das Signal verantwortlich war, enttarnt. Es handelte sich dabei um den Teil eines riesigen Radarsystems, mit dem Raketen aufgespürt werden sollten. Eines dieser Radarsysteme namens Duga ist nahe Tschernobyl noch immer erhalten. Es handelt sich dabei um einen sogenannten Überhorizontradar mit 50 Großantennen, die 150 Meter hoch und größer als ein Fußballfeld sind. Die beeindruckende Konstruktion konnte Signale in bis zu 9000 Kilometer Entfernung aufspüren. Seit 2013 gibt es auf russischem Boden wohl ein Nachfolgeradar, denn das Woodpecker-Signal ist seitdem wieder weltweit unterwegs.

Tschernobyl-2, Kyiv Oblast, Ukraine

Kraftorte

Der Tunnel der Liebe in Klewan

Rund 4 Kilometer ist die Bahnstrecke zwischen Klewan und Orschiw lang. Sie führt durch ein sumpfiges Waldgebiet. Die Bäume und Sträucher sind dabei dergestalt an die Bahnstrecke herangewachsen, dass es aussieht, als würden die Güterzüge, die hier noch immer gelegentlich verkehren, durch einen grünen Tunnel fahren. Der Legende nach wurden die Eisenbahnschienen mitten im Wald von einem jungen Mann verlegt, der im Dorf Orschiw lebte und sich in ein ukrainisches Mädchen aus Klewan verliebt hatte. Der kürzeste Weg zu seiner Geliebten führte genau durch diesen Wald und so entschloss er sich, die Schienen dort zu verlegen.

Die wunderschöne tunnelförmige Anordnung der umstehenden Bäume war seit jeher Zeuge zahlreicher Heiratsanträge, und nachdem der Fotograf Serhii Delidon im Jahr den Tunnel als Motiv für seine Hochzeitsfotos entdeckte, hat es der Tunnel der Liebe zu einiger Bekanntheit unter Eheleuten und solchen, die es werden wollen, gebracht.

Obacht beim Begehen dieses zauberhaften Reiseziels: Die Bahnstrecke ist zwar selten, aber doch noch regelmäßig in Betrieb.

Klewan, Rivne Oblast, Ukraine, 35311

?!

Völlig verrückt

Die Kindereisenbahner von Budapest

Schon ein komisches Gefühl, wenn die Schaffner am Bahnsteig gerade Mal zwischen 10 und 14 Jahre alt sind. Und wenn man dann noch weiß, dass die Kinder auch die Stellwerke der Bahn bedienen … Zum Glück sitzt vorne in der Lok ein Erwachsener. Die Kindereisenbahn von Budapest ist ein Relikt aus sozialistischen Zeiten. Wie in der DDR, gab es auch in Ungarn eine Pionierorganisation, in der die Kinder angehalten wurden, sich politisch und gesellschaftlich im Sinne des Staates zu engagieren. Wie eben in der Freizeit den Betrieb einer Eisenbahn zu organisieren. Fahrkarten verkaufen und kontrollieren, die Züge fahrplanmäßig und auf der 11 Kilometer langen Strecke in die richtige Richtung losschicken. Die Ausbildung dauert vier Monate. Über 600 Kinder stehen bereit, um die Schmalspurbahn ein gutes Stück hinauf auf den Széchenyi-Berg zu schicken, von dem aus man eine wunderbare Sicht auf Budapest hat.

Informationen zu Abfahrtszeiten und Ticketpreisen findet man auf der Homepage der Kindereisenbahn: www.gyermekvasut.hu

Station Hűvösvölgy, Budapest, 1029 Ungarn

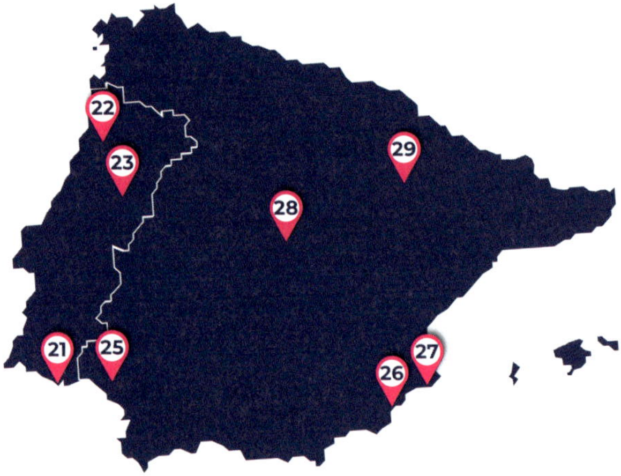

- 1 Die Pyramiden von Visoko
- 2 Die olympische Bobbahn von Sarajevo
- 3 Die Kapelle von Dasochori, aus der Bäume wachsen
- 4 Der Läufer aus Glas in Athen
- 5 Die Straße der Lichter in Athen
- 6 Der wahrscheinlich älteste Olivenbaum der Welt auf Kreta
- 7 Der Park der Ungeheuer in Bomarzo
- 8 Die Steinböcke auf dem Cingino-Staudamm
- 9 Der versunkene Kirchturm im Vinschgau
- 10 Die Ruinen von Craco
- 11 Die 4000 Jahre alten Olivenbäume von Luras
- 12 Die Moai-Statue von Vitorchiano
- 13 Der Ort Bastardo
- 14 Die Felsengrotte des Zauberers Greguro in Massafra
- 15 Das zerfallene Castello dell'Amendolea in Condofuri

SÜDEUROPA

- 16 Die römischen Ruinen in Canale Monterano
- 17 Die Plitvicer Seen
- 18 Die Geisterstadt Dvigrad
- 19 Das Revolutionsdenkmal von Moslavina
- 20 Die Meeresorgel in Zadar
- 21 Der Ankerfriedhof von Santa Luzia
- 22 Die (beinahe) längste Fußgängerbrücke der Welt in Arouca
- 23 Das Loch im See des Naturparks Serra da Estrela
- 24 Die serbische Teufelsstadt
- 25 Der blutrot gefärbte Río Tinto
- 26 Die rosa Lagune von Torrevieja
- 27 Das M-förmige Wohnhaus in Benidorm
- 28 Die Weißen Türme in Madrid
- 29 Die Felspyramide von Navarra
- 30 Die Klosterhöhle Aya Nikola in Kıyıköy

Kraftorte

Die Pyramiden von Visoko

Gibt es in Visoko, einer 41 000-Menschen-Stadt im Herzen von Bosnien und Herzegowina, wirklich Pyramiden? 2005 stellte der Bauunternehmer und Esoteriker Semir Osmanagić diese These auf. Gleichzeitig begann er mit Ausgrabungen auf dem 767 Meter hohen Berg Visočica. Von Weitem sieht der vollständig bewaldete Berg tatsächlich wie eine Pyramide aus. Ein natürlicher Zufall? Oder doch ein von Menschenhand geschaffenes Wunder? Zumal sich in unmittelbarer Nähe zwei weitere solcher Pyramidenberge befinden. Die Ausgrabungen auf dem Visočica förderten tatsächlich alte Tunnel zutage. Für Osmanagić Beweis genug für seine These, dass er die »Pyramide der Sonne« gefunden habe. Dass diese Geschichte von sämtlichen seriösen Vertretern der Archäologen-Zunft abgelehnt wird und die Tunnel als Reste alter Minen angesehen werden … geschenkt. In jedem Fall handelt es sich aufgrund der ungewöhnlichen Form des Berges um einen besonderen Kraftort, in dessen Energie man sich auf Wanderungen zum Gipfel wunderbar hineinfühlen kann. Sogar den gefundenen Tunnel kann man auf geführten Touren besichtigen. Infos dazu findet man unter piramidasunca.ba.

71300 Visoko, Bosnien und Herzegowina

Die olympische Bobbahn von Sarajevo

Einst für teures Geld und den Glanz Olympischer Spiele gebaut, ist die Bobbahn in Sarajevo heute zum Glück eine noch gut erhaltene Ruine aus dem Jahr 1984. Sie befindet sich auf dem Hausberg Sarajevos, dem Trebević, auf den man mit einer Gondel fahren kann. Von der Bergstation ist die Bobbahn in wenigen Minuten zu erreichen und kann einfach zu Fuß begangen werden. Wer bis ins Ziel spazieren möchte, muss sich auf eine etwas mehr als 1 Kilometer lange Wanderung einstellen. Die einzigartige Atmosphäre der vollkommen in die Natur eingebetteten Ruine und die zahlreichen Graffiti, die vor allem in die Kurven der Bahn gesprayt wurden, sorgen dafür, dass einem bei der Begehung der Bobbahn nicht langweilig wird. Und wenn man schon mal auf dem Trebević ist, kann man auch gleich noch die Ruine der alten Sternwarte Bistrik kula besuchen.

71000 Sarajevo, Bosnien und Herzegowina.
Koordinaten: 43°50'28"N 18°26'32"E

Kraftorte

Die Kapelle von Dasochori, aus der Bäume wachsen

In der Nähe des kleinen Dorf Vastas im Herzen der Halbinsel Peleponnes erwartet den Besucher der Agia Theodora nichts Geringeres als ein Wunder. Die Kapelle der Heiligen Theodora muss man sich als eine kleine Steinkirche vorstellen, nicht viel größer als ein herkömmlicher Geräteschuppen. Allerdings wachsen aus diesem »Schuppen« in den griechischen Bergen ganze 17 Steineichen. Und zwar keine kleinen Bäumchen, sondern richtige ausgewachsene Bäume. Statiker haben berechnet, dass die Kirche das Fünffache des Gewichtes trägt, das sie nach den Gesetzen der Physik tragen dürfte. Dabei wachsen die Bäume nicht unter der Kirche hervor, sondern scheinen direkt aus dem Dach oder den Wänden zu entspringen. Sichtbare Wurzeln? Gibt es nicht. Das wiederum ist mit den Gesetzen der Botanik nicht vereinbar. Wissenschaftler, die die Kirche untersucht haben, haben in den Wänden Hohlräume gefunden. Sie vermuten, dass sich die Wurzeln der Bäume durch diese Hohlräume ins Erdreich graben. Beweisen konnten sie diese Theorie jedoch noch nicht.

Agia Theodora Vasta
Megalopolis County Road
Isari, 222 00 Dasochori,
Griechenland

Achtung Kunst!

Der Läufer aus Glas in Athen

Wenn sich Objekte in Comics besonders schnell bewegen, wird dies durch die berühmt-berüchtigten Geschwindigkeitsstriche hinter den sich schnell bewegenden Figuren oder Gegenständen signalisiert. Dieses gelernte Muster hat sich auch der griechische Künstler Costas Varotsos für seine Skulptur »The Runner«, auch bekannt als »Dromeas«, zunutze gemacht. Die etwas mehr als 7 Meter hohe Skulptur eines rennenden Mannes wurde 1994 fertiggestellt und besteht aus lauter Glasstäben, die von einem unsichtbaren Eisenskelett zusammengehalten werden. Die vertikal angeordneten und nach hinten spitz zulaufenden Stäbe erzeugen dabei die Illusion, dass der Läufer mindestens mit Flash-Geschwindigkeit unterwegs ist. Aus Sicherheitsgründen zog der Läufer 2021 vom Omnia-Platz vor das Athener »Hilton«-Hotel. Auch dort sorgt das wechselnde Licht immer wieder für neue faszinierende Bilder, vor allem auch in der Nacht, wenn die Figur illuminiert wird.

Vassilissis Sofias Avenue, 115 28 Athen, Griechenland

?!

Völlig verrückt

Die Straße der Lichter in Athen

Bis 2012 gehörte die Straße mit dem Namen Pittaki zu den Gegenden, die Einheimische und Touristen eher mieden. Heute zieht die Straße jedes Jahr eine Unzahl an Touristen an. Begonnen hat alles mit ein paar Lampenschirmen aus aller Welt, die einfach in die Straße gehängt wurden. Kronleuchter, Industrieleuchten, Kugellampen oder alte Schirme von Standleuchten, wie man sie sonst nur noch bei Oma in der Wohnung sieht. Die Sammlung aus unterschiedlichen Lampen wurden schnell Kult. Zu schön ist die Stimmung, die von diesem Freilichtmuseum ausgeht. Mittlerweile wird die Pittaki-Straße nicht nur mit Lampen geschmückt, sondern zu bestimmten Anlässen wie dem Valentinstag auch mit opulenter, zum jeweiligen Feiertag passenden Deko. Klar, dass der Besuch der Straße vor allem abends lohnt.

Pittaki, 105 54 Athen, Griechenland

Kraftorte

Der wahrscheinlich älteste Olivenbaum der Welt auf Kreta

Blickt man auf den alten Olivenbaum von Àno Voùves auf Kreta, ahnt man sofort, dass es sich um einen besonderen Baum handelt. Der mächtige Stamm misst unten über 12 Meter. Das Holz des Stammes windet und schlingt sich, als wären hier zehn Bäume zu einem verwachsen. Es handelt sich jedoch um einen einzigen Baum, dessen Stamm innen hohl ist – ganze acht Menschen finden in dem Hohlraum des Stammes Platz! – und der dennoch noch immer Früchte trägt. Mindestens 2800 Jahre ist der Baum alt. Vielleicht sogar bis zu 4000 Jahre, wenn man den Carbon-Messungen der Universität von Kreta traut. Egal wie alt, setzt man sich eine Weile neben den Baum, ist seine ungeheure Lebenskraft spürbar und man denkt sich in die vielen Geschichten hinein, die dieser Baum bereits erlebt haben muss.

730 06 Àno Voùves, Griechenland

Achtung Kunst!

Der Park der Ungeheuer in Bomarzo

Nördlich von Bonmarzo befindet sich der Sacro Bosco, der Heilige Wald, der umgangssprachlich auch Park der Ungeheuer genannt wird. Dabei handelt es sich um einen Skulpturenpark mit unterschiedlichen gigantischen Steinmotiven, etwa 100 Kilometer nördlich von Rom. Highlight des Parks ist sicherlich der weit aufgesperrte steinerne Rachen des Orcus, bei dem man sich dreimal überlegt, ob man wirklich hineingehen möchte. Ebenfalls ein echter Hingucker ist die leicht frivole Sirene, die im lüsternen Spagat im Wald herumsitzt. Und dann gibt es auch noch ein schiefes Haus. Mehr als 30 Figuren, vor allem aus der griechischen und römischen Mythologie, befinden sich in dem Park, der bereits im 16. Jahrhundert angelegt wurde. Inspiriert sind die Figuren und Motive vom damals herrschenden Manierismus, der ein Ausleben des künstlerischen Stils vorsah. Schaut man auf die grotesken Formen, kann die Umsetzung nur als gelungen bewertet werden. Lange Zeit war der Park, der auch als Sacro Bosco – Heiliger Wald – bekannt ist, in Vergessenheit geraten. Viele der Figuren verwitterten oder setzen eine ansprechende Patina an. Einige Stücke, etwa der Tempel, sind jedoch auch wieder ordentlich instand gesetzt worden.

Zum familienfreundlichen Ausflugsziel wird das Gelände auch durch ein angrenzendes Restaurant, eine Bar, einen Spielplatz und einen Picknickbereich. Informationen zu Öffnungszeiten und Eintrittspreisen findet man auf der Homepage des Parks: www.sacrobosco.eu

Via Madonna della Valle, 01020 Bomarzo, Viterbo, Italien

?!

Völlig verrückt

Die Steinböcke auf dem Cingino-Staudamm

Vergiss alle Action- und Horrorthriller, die du je in deinem Leben gesehen hast. Oder, falls du Fußballfan sein solltest, vergiss das Mitfiebern mit deinem Verein bei wichtigen Spielen. Hier kommt eine der wirklich aufregendsten Sachen, die du in deinem Leben sehen kannst: die Steinböcke in der Mauer des Cingino-Staudammes. Wie es sich für eine ordentliche Staumauer gehört, fällt auch diese hier sehr steil ab. Nicht weiter auffällig, wären da nicht diese braunen Flecken, die in der Wand kleben. Dabei handelt es sich um Steinböcke, die Salz von den Steinen der Mauer lecken. Bei jedem Schritt, den eines der Tiere tätigt, herrscht akute Infarktgefahr. Unmöglich, dass die Tiere sich in dieser Steilwand halten, ohne abzustürzen. Tun sie aber nicht, auch wenn man es wirklich in jedem Moment erwartet. Völlig verrückt. Die Aussicht auf dieses Erlebnis musst du dir leider mit deinen Füßen verdienen. Zum Staudamm führt lediglich ein rund 8 Kilometer langer Wanderweg. Er führt zum Teil auf den Gleisen einer stillgelegten Bahnstrecke inklusive stillgelegter Tunnel (!) entlang. Los geht die Tour am Lago di Camplicciolo, den du von Antrona Schieranco mit dem Auto erreichen kannst.

Lago di Cingino, Italien.
Koordinaten: 46°1'49"N 8°2'18"E

?!

Völlig verrückt

Der versunkene Kirchturm im Vinschgau

Aus zwei mach eins. 1950 wurden am Reschenpass der Reschensee und der Mittersee gestaut. Unter anderem, um im nahe gelegenen Wasserkraftwerk Glurns Energie für die Region zu erzeugen. Preis dieses Unterfangens: das gesamte Dorf Graun und ein Großteil des Dorfes Reschen wurden dem Stausee geopfert. Rund 1000 Menschen verloren ihr Zuhause und wurden zwangsumgesiedelt. An diese Geschichte erinnert heute noch immer der Turm der Pfarrkirche St. Katharina. Einsam ragt er aus dem Wasser. Merkwürdig entrückt. Dass zu seinen Füßen noch immer die Ruinen der alten Häuser schlummern, davon konnte man sich im Jahr 2021 überzeugen, als der Wasserpegel des Reschensees aufgrund von Instandhaltungsarbeiten abgesenkt wurde und die Straßen- und Mauerreste plötzlich wieder freigelegt wurden.

Reschensee, 39027 Graun im Vinschgau, Südtirol, Italien

Die Ruinen von Craco

Immer wieder hört man von Geisterstädten in Italien. Meist handelt es sich um kleine abgelegene Bergdörfer, die aufgrund ihrer Unwirtlichkeit mit der Zeit von immer mehr Bewohnern verlassen werden. In Craco in der Region Basilikata im Spann des italienischen Stiefels gelegen, verhielt sich die Geisterstadtwerdung der Stadt jedoch etwas anders. Zwischen 1959 und 1972 wurde die Stadt, die in rund 350 Metern Höhe malerisch auf einem kleinen Felsen gelegen ist, von Erdrutschen zerstört. Diese waren nicht natürlichen Ursprungs, sondern wurden wohl durch Arbeiten an der Kanalisation beziehungsweise der Wasserversorgung hervorgerufen. In den statisch angeknacksten Häusern war ein sicheres Weiterleben nicht möglich. Ein kompletter Wiederaufbau wäre zu kostspielig gewesen. Daher wurden die Menschen zwangsumgesiedelt. Im Tal entstand eine neue Siedlung. Da trotz der Erdrutsche ein Großteil der Gebäude der Altstadt von Craco noch immer steht, entstand mit der Zeit ein eindrucksvoller Lost Place, der bereits Kulisse zahlreicher Filme und TV-Serien war und auf geführten Touren besucht werden kann.

75010 Craco, Italien

Kraftorte

Die 4000 Jahre alten Olivenbäume von Luras

Ein Baum wie ein Wald, mit einer Höhe von etwa 14 Metern und einer mehr als 20 Meter breiten Krone. Der S'Ozzastru ist der älteste Olivenbaum Italiens. Auf rund 4000 Jahre wird sein Alter geschätzt, was ihn qualifiziert, sich mit einigen Mitbewerbern aus Griechenland um den Titel »Ältester Olivenbaum der Welt« zu streiten. Die Sarden sagen, dass der S'Ozzastru ein Zufluchtsort für die Seelen Verstorbener sei. Tatsächlich verströmt der Baum eine Geborgenheit, der man sich auch im Leben bereits gern hingeben möchte. Der S'Ozzastru befindet sich im Norden Sardiniens bei Luras im kleinen Naturpark Olivastri Millenari di Santo Baltolu. Neben dem ältesten Olivenbaum Italiens finden sich dort zahlreiche weitere Bäume mit fantastischen Wurzelformen.

Das Gelände, auf dem der Olivenbaum steht, ist vom 1. April bis zum 2. November jeweils ab 10:30 Uhr geöffnet, freitags und samstags finden Führungen statt. Weitere Informationen findet man auf der offiziellen Homepage: www.olivastrimillenariluras.it

Località Santu Baltólu di Carana, 07025, 07025 Luras SS, Italien

?!

Völlig verrückt

Die Moai-Statue von Vitorchiano

Wer sich auf seiner Fahrt durchs Latium in das hübsche 5000-Seelen-Dorf Vitorchiano verirrt, reibt sich bei der Ausfahrt Richtung Grotte Santo Stefano verwundert die Augen. Rechter Hand an der Straße steht nämlich plötzlich eine Moai-Statue, wie sie der gewandte Weltenbummler sonst nur von den Osterinseln kennt. 6 Meter groß. Riesige Nase. Grimmig verzogener Mund. Wie kommt diese kultische Steinfigur denn bitte schön hierher? Dass sich ausgerechnet in Italien die einzig »echte« Moai-Statue außerhalb der Osterinseln befindet, geht auf eine Initiative des Fernsehsenders RAI zurück. Der besorgte 1990 nämlich einen Vulkanstein ähnlich dem auf der Osterinsel und lud für ein Programm, das sich mit historischer Kultur beschäftigte, eine Familie aus Rapa Nui ein, um zu zeigen, wie sich aus einem normalen Stein die typischen Moai-Statuen mit altem Werkzeug herstellen lassen. Das gelang den elf indigenen Nachkommen ohne Probleme und die am Straßenrand stehende Moai-Statue kann nach wie vor bewundert werden.

Strada Provinciale 23 della Vezza, 19, 01030 Vitorchiano VT, Italien

?!

Völlig verrückt

Der Ort Bastardo 🇮🇹

Was im Deutschen mit Ortsnamen wie Tittenkofen, Killertal oder Busendorf prima klappt, funktioniert auch in Italien. In der Nähe von Perugia in der Provinz Umbrien, mitten in Italien, befindet sich das kleine Dorf Bastardo, was ganz einfach »Bastard« heißt. An die 2000 Einwohner dürfen daher ihr Gegenüber in aller Seelenruhe und ohne schlechtes Gewissen beschimpfen, wenn sie gefragt werden: »Na, wo kommst du denn her?«

06030 Bastardo, Italien

Kraftorte

Die Felsengrotte des Zauberers Greguro in Massafra 🇮🇹

Massafra ist ein verschlafenes italienisches Städtchen in Apulien. Und doch hat es die Stadt zu einiger Berühmtheit gebracht, dank einer oder besser gesagt vieler Sehenswürdigkeiten, die sich in den Schluchten der Felsenstadt befinden. Dazu gehören zahlreiche Wohnhöhlen, aber auch freskengeschmückte Felsenkirchen aus byzantinischer Zeit. Insgesamt findet man 200 Räume, die in die Felswände geschlagen wurden. Eines der Höhlenhighlights ist die Grotta Rupestre del Mago Greguro, die Höhle des Zauberers Greguro, der gemeinsam mit seiner Tochter Margheritella in dieser Höhle gelebt haben soll. Beide waren angeblich vor allem in der Kräuterkunde bewandert. Faszinierend sind nicht nur die unterschiedlichen, beinahe rechteckigen Räume der Höhle, sondern auch die »Regale«, die in den Stein gehauen worden sind. Lauter kleine und große Einbuchtungen, in denen der Zauberer und seine Tochter die Kräuter, die sie sammelten, ordentlich lagern konnten. Die Höhle wird daher auch als Farmacia – also Apotheke – bezeichnet. Zur Höhle gelangt man am einfachsten über den Weg Santuario Madonna della Scala.

Massafra, Via del Santuario, 74016 Massafra TA, Italien

Ruinen und Lost Places

Das zerfallene Castello dell'Amendolea in Condofuri

Der Eintrittspreis fürs Castello dell'Amendolea? 400 zu besteigende Höhenmeter auf einer rund 4 Kilometer langen Strecke, die vom Dorf Amendolea, das zum Kreis Condofuri gehört, durch eine sagenhaft schöne Landschaft führt. Oben auf dem Hügel angekommen, sieht man sofort, dass die Burg einiges erlebt hat. Und obwohl sie zu großen Teilen zerfallen ist, lassen die Ruinen, die noch immer stehen, gleichzeitig die Pracht und Größe des Kastells erahnen, das hier im 11. Jahrhundert gebaut wurde. Der Blick von der alten Wehranlage reicht nicht nur ins Tal, sondern bis zum Ätna. Genial: Die Mauern der Burg wurden aus einem Gemisch aus Eisen und Schwefel hergestellt. Beide Materialien verbrennen miteinander zu einer Art Lavapaste, die mit der Zeit immer fester wird. Wer sich traut, kann sogar einen Schlafsack mitnehmen und in der alten Burgruine übernachten. Im Hochsommer ist der Aufstieg ob der Hitze sehr kräftezehrend. Bitte unbedingt ausreichend Wasser mitnehmen!

Strada Comunale Amendolea, 89030 Condofuri RC, Italien

Ruinen und Lost Places

Die römischen Ruinen in Canale Monterano

Ein fantastisches Freilichtmuseum mit antiken römischen Ruinen, knapp 60 Kilometer von Rom entfernt. Zu bestaunen gibt es unter anderem ein Amphitheater, ein Aquädukt, die Reste einer Kirche sowie eines alten Palastes. Vor allem die Ruinen der Kirche San Bonaventura mit dem achteckigen Brunnen davor ist ein unheimlich beeindruckender Lost Place. Die Ruinen sind begehbar. Im Sommer kann es vorkommen, dass Jugendliche aus Canale Monterano nachts in dem alten Gemäuer wilde Partys feiern, die gar nichts mehr mit Gebeten und Kirchengesängen zu tun haben.

Via Palombara, 00060 Canale Monterano RM, Italien

Naturwunder

Die Plitvicer Seen

Plätze, die es auf die Liste des UNESCO-Welterbes schaffen, gehören bekanntermaßen zu den schönsten der Welt. Das gilt auch für den ältesten und größten Nationalpark der Republik Kroatien, die Plitvicer Seen. Da wären zum Beispiel die 16 oberirdischen kaskadenförmig angeordneten Seen. Vom richtigen Spot aus sehen sie aus wie Wasserscheiben, die in unterschiedlicher Höhe in die Karstlandschaft gelegt wurden. Doch es kommt noch besser. Etwa, wenn es zum großen Wasserfall geht, der sich fast 80 Meter in die Tiefe stürzt. Insgesamt gibt es im gesamten knapp 300 Quadratkilometer großen Nationalpark über 90 Wasserfälle. Und einen magisch-schönen Höhlenpark gibt es auch noch. Im Grunde kann man getrost eine ganze Woche für die Besichtigung des Nationalparks einplanen. Zahlreiche Teile des Parks sind sehr touristisch. Wer gut zu Fuß ist, wandert abseits der großen Seen auf den zahlreichen Wanderwegen etwas einsamer durch eine fantastische Naturlandschaft.

Weitere Informationen zu dem Nationalpark findet man hier: www.np-plitvicka-jezera.hr/de

53231 Plitvička Jezera, Kroatien

Ruinen und Lost Places

Die Geisterstadt Dvigrad 🇭🇷

Dvigrad im kroatischen Teil der Halbinsel Istrien ist eine ausgezeichnet erhaltene Geisterstadt, die bereits im im Jahr 1714 vollständig aufgegeben wurde. Einst eine blühende Handelsstadt mit entsprechenden Prachtbauten wie Burgen und Kirchen, von denen noch heute ganze Wände und Türme zu sehen sind, sorgten verschiedene Ausbrüche der Pest beziehungsweise der Malaria für eine Dezimierung und Abwanderung der Bevölkerung. Seither ist die Stadt sich selbst überlassen und kann noch immer wunderbar auf eigene Faust erkundet werden. Was für ein beeindruckender Lost Place.

52352, Kanfanar, Kroatien.
Koordinaten: 45°7'37.2"N 13°48'42.2"E

Landmarke

Das Revolutionsdenkmal von Moslavina

Schönheit liegt bekanntlich im Auge des Betrachters. Beim Revolutionsdenkmal von Moslavina lässt sich nicht wirklich sagen, ob es schön oder hässlich ist. Eines ist das vom kroatischen Bildhauer Dušan Džamonja entworfene Denkmal jedoch: kraftvoll. Die 10 Meter hohe und 20 Meter breite abstrakte Stahlbetonstruktur erinnert an einen gigantischen Vogel, der seine Schwingen ausbreitet. Oder aber an eine riesige Flügelschraube. In der Mitte der Flügel blickt man auf einen Kreis, der mit Aluminiumplatten beklebt ist. Schön ist der Betonklotz wahrlich nicht. Und dennoch übt er eine eigentümliche Anziehungskraft auf den Betrachter aus. Hintergrund des 1967 eingeweihten Denkmals: Es erinnert an den Widerstand der Einwohner der Region während der Herrschaft der faschistischen Ustascha in der Zeit des Zweiten Weltkrieges. Ganz in der Nähe befindet sich ein Massengrab, in dem 900 Partisanen beerdigt sind, die hier in der Zeit des Widerstandes starben.

Podgarić, 43233, Podgarić, Kroatien. Koordinaten: 45°38‘26.9“N 16°46‘39.7“E

?!

Völlig verrückt

Die Meeresorgel in Zadar 🇭🇷

Was für eine geniale Idee: Wellen in Sound umwandeln. Genau das passiert bei der Meerorgel in Zadar. 35 Pfeifen baute der Architekt Nikola Bašić entlang eines 70 Meter langen Uferabschnittes in eine mit Treppenstufen gesäumte Promenade ein. Natürlich handelt es sich dabei nicht um klassische Orgelpfeifen, sondern um Resonanzkörper aus Kunststoff, welche die Wellen in Töne umwandeln. Das Ganze hat ein bisschen was von meditativen Walgesängen oder neuer experimenteller Musik. Abends, wenn die Sonne untergeht, gesellt sich zur Meerorgel auch noch der Sonnengruß. Dann wird die Energie der Wellen zusätzlich in Lichter umgewandelt, mit denen die Promenade illuminiert wird.

Obala kralja Petra Krešimira IV, 23000, Zadar, Kroatien

Kraftorte

Der Ankerfriedhof von Santa Luzia

Der Cemitério das âncoras, der Ankerfriedhof an der Praia do Barril westlich von Faro, ist ein beeindruckender Kraftort. 203 rostige Anker sind dort in den Sand gesteckt und erinnern an die Thunfisch-Fischer, die hier einst lebten und arbeiteten. Mit den Ankern bauten sie im Meer raffinierte Netzlabyrinthe, mit denen sie vor allem die ausgewachsenen Thunfische fangen konnten. Eine sehr viel nachhaltigere Methode als der industrielle Fang. Da dieser sich jedoch immer mehr ausbreitete und die Fischbestände dadurch um über 70 Prozent zurückgingen, lohnte sich das Geschäft für die einheimischen Fischer bald nicht mehr. Zurück blieben nur noch die rostigen Anker der alten Thunfisch-Flotte. Der Praia do Barril, an dem der Ankerfriedhof liegt, lohnt sich jedoch nicht nur, um sich der morbiden Atmosphäre des Ankerfriedhofs hinzugeben. Der kilometerlange nahezu unbebaute und ursprünglich gehaltene Strand liegt auf einer langgestreckten Halbinsel mit nachgelagerten Lagunen und ist ein wahres Naturparadies.

Praia do Barril, 8800-531 Santa Luzia, Portugal

Abenteuer

Die (beinahe) längste Fußgängerbrücke der Welt in Arouca

Nichts für schwache Nerven: Die Ponte 516 Arouca ist, wie der von findigen Marketingmenschen erdachte Name verrät, 516 Meter lang und zählt damit zu den längsten Fußgängerbrücken der Welt. Sie wird nur noch von der Baglung-Parbat-Seilbrücke in Nepal übertroffen. Die Arouca-Brücke im gleichnamigen Geopark überquert die Schlucht des Flusses Paiva in 175 m Höhe. Damit hebt sie sich landschaftlich wohltuend von so manchen Hängebrückenmitbewerbern ab, die manchmal nur der Rekorde wegen in eine wenig spektakuläre Gegend gehängt zu werden scheinen. Das ist in Arouca vollkommen anders. Die Schlucht von Paiva ist mit ihren wilden Felsvorsprüngen und dem Aguieiras Wasserfall eine eindrucksvolle Naturlandschaft, die am Anschluss an die Querung der Brücke am besten über die sogenannten Passadiços do Paiva entdeckt werden kann. Dabei handelt es sich um einen rund 8 Kilometer langen Weg, bei dem die Wanderer über Holztreppen und Holzstege geführt werden. Der Eintritt für die Passadiços do Paiva ist im Ticketpreis der Ponte 516 Arouca enthalten, vorausgesetzt, das Ticket wird am selben Tag genutzt. Tickets für die Brücke müssen unbedingt vorher online unter www.516arouca.pt gekauft werden. Es gibt keine Tageskasse vor Ort. Außerdem ist die Zahl der Besucher begrenzt. Auf der genannten Website findet man auch Informationen zu Anreise, Parkmöglichkeiten und weitere nützliche Hinweise.

Areinho, 4540-257 Arouca, Portugal

?!

Völlig verrückt

Das Loch im See des Naturparks Serra da Estrela 🇵🇹

Ein Loch mitten im See? In dem das Wasser einfach zu verschwinden scheint? In einem kleinen Bergsee mitten im Naturpark Serra da Estrela gibt es ein solches Wunder zu bestaunen. Es handelt sich bei dem Covão dos Conchos jedoch nicht um ein natürliches Phänomen, sondern um einen künstlichen Überlauf, der bereits im Jahr 1955 in den See gebaut wurde, um das Wasser von Ribeira das Naves zur Lagoa Comprida umzuleiten. Die Lagoa Comprida ist eine etwa 600 Meter hoch gelegene Lagune in den Bergen der Insel Flores.

Die Konstruktion ist Teil der Wasserkraftanlagen in der Serra da Estrela. Im Sommer ist der Loch-im-See-Effekt optisch leider nicht mehr so stark. Der dann doch arg gesunkene Wasserspiegel enthüllt den Betontrichter, in dem mittlerweile sogar Sträucher und Moose wachsen. Im Frühjahr oder im Herbst ist das Phänomen dagegen besser zu bestaunen. Zum Loch im See muss man rund eine Stunde laufen. Los geht der Weg am Parkplatz der Talsperre Lagoa Comprida. Wer fit genug ist, nimmt auch noch die nahe gelegenen Teufelshörner in Augenschein: eine Felsformation, aus der tatsächlich zwei steinerne Hörner abzustehen scheinen.

6270 São Romão, Serra da Estrela Nature Park, Portugal. Koordinaten: 40°21′50″N 7°36′39.2″W

Naturwunder

Die serbische Teufelsstadt

Die Teufelsstadt, oder Đavolja Varoš, ist ein faszinierendes Naturwunder im südlichen Serbien, nahe der Grenze zum Kosovo. Die geheimnisvolle Stätte besteht aus über 200 erdpyramidenartigen Felsformationen, die bis zu 15 Meter in die Höhe ragen und auf deren Spitzen mitunter große Steine balancieren. Die natürlichen Skulpturen sind das Ergebnis von Millionen Jahren vulkanischer Aktivität und Erosion. Neben der wissenschaftlichen Erklärung ranken sich um die Erdtürme der Teufelsstadt auch zahlreiche Legenden. Eine der bekanntesten besagt, dass die Felsen versteinerte Geschwister sind, die heiraten wollten und vom Teufel für ihre Sünden bestraft wurden. Tatsächlich sehen die eng beieinanderstehenden Türme ein wenig wie die Reste versteinerter Riesen aus. Ganz in der Nähe fließt übrigens auch rotes Quellwasser durch das Gestein. Es weist einen hohen Säure- und Mineralgehalt auf und hat angeblich heilende Kräfte.

Đake, 18430 Kuršumlija, Serbien.
Koordinaten: 42°59′17″N 21°23′37″E

Naturwunder

Der blutrot gefärbte Río Tinto

Verantwortlich für die Färbung des Río Tinto, des »Roten Flusses«, ist der jahrhundertelange Bergbau in der Region. Kupfer, Gold, Silber und andere Mineralien wurden hier abgebaut. Durch die Ableitungen aus den Minen stieg der Säuregehalt des Flusses so sehr an, dass die im Wasser aufgelösten Mineralien, insbesondere Eisen, den Fluss schließlich rot färbten. Trinken sollte man dieses Wasser nicht. Weder können Fische in diesem Wasser leben noch trinken Vögel aus dem Rio Tinto, um sich nicht zu vergiften. Leben gibt es hier lediglich in Form von Bakterien, sogenannte extremophile Mikroorganismen, welche die schwermetallhaltigen Sulfidminerale zersetzen können.

bei Niebla 21840, Provinz Huelva, Spanien. Koordinaten: 37°12′45.9″N 6°56′6″W

Naturwunder

Die rosa Lagune von Torrevieja

Der Anblick der Calle San Miguel de Salinas, der rosa Lagune von Torrevieja, ist überwältigend. Ihre charakteristische Farbe verdankt die Lagune der Mikroalge Dunaliella salina, die in dem extrem salzhaltigen Wasser lebt und ein rosa Pigment freisetzt. Dieses Bakterium ist nicht nur für die Färbung des Wassers verantwortlich, sondern auch Grundlage für die Entstehung eines komplexen Ökosystems. Kleine Krebstiere, die sogenannten Salzgarnelen, ernähren sich von den Mikroalgen und nehmen dadurch ebenfalls eine rosa Färbung an. Diese wiederum ziehen eine Vielzahl von Vögeln an, darunter auch Flamingos, die sich von den Garnelen ernähren und so zur Artenvielfalt des Gebiets beitragen. Der Salzgehalt der Lagune ist mit der des Toten Meeres zu vergleichen, weshalb es theoretisch möglich wäre, einfach so auf dem Wasser zu liegen. Das Baden ist in der Lagune verboten, also muss man sich auf darauf beschränken, das Naturwunder einfach nur zu bestaunen. Je nach Tageszeit und Wetter ist das Aussehen der Lagune vollkommen unterschiedlich. Während sich bei bewölktem Himmel dem Betrachter immerhin noch ein blasses Rosé präsentiert, leuchtet das Wasser bei Sonnenschein in intensiven Rosa- und Fuchsiatönen,

03185 Torrevieja, Alicante, Spanien

Geniale Architektur

Das M-förmige Wohnhaus in Benidorm

Sieht so die Zukunft des Wohnens aus? Das Intempo in Benidorm ist nicht nur aufgrund seiner Höhe von fast 203 Metern nicht zu übersehen, es fordert den Betrachter auch mit seiner besonderen Gestalt heraus. Zwei schmale Türme sind in luftiger Höhe durch einen umgekehrten Kegel miteinander verbunden und formen ein markantes M. Um die Dimensionen dieses Hauses zu erfassen, hilft ein Vergleich: Das Restaurant des Berliner Fernsehturms befindet sich in 207 Meter Höhe. Das Intempo ragt also fast daran heran. Mit seinen 47 Stockwerken ist es nicht nur eines der höchsten Gebäude Spaniens, sondern auch eines der höchsten Wohngebäude Europas. Ursprunglich sollte das außergewöhnliche Gebäude bereits 2009 fertiggestellt sein. Allerdings brachten die Finanzkrise und der Konkurs der Baufirma den Zeitplan ordentlich durcheinander. So konnte das Projekt erst 2021 erfolgreich abgeschlossen werden und ist sofort zum neuen Wahrzeichen der Stadt an der Costa Blanca geworden.

Av. de Mejico, 7, 03502 Benidorm, Alicante, Spanien

Geniale Architektur

Die Weißen Türme in Madrid

Beton ist und bleibt eines der faszinierendsten Baumaterialien, wie auch die bis zu 80 Meter hohen Las Torres Blancas in Madrid beweisen, die zwischen 1964 und 1969 erbaut wurden. Das weiße Strahlen der Türme hat sich über die Jahrzehnte zwar längst verloren und die Betonfassade kommt im typisch-schmuddeligen Endzeitgrau daher. Doch die innovative Formgebung, bei der organische Architektur und Brutalismus verschmelzen, sucht noch immer ihresgleichen in der Welt der Wolkenkratzer. Der Architekt Francisco Javier Sáenz de Oiza sah in seinem Entwurf eine Hommage an die natürliche Form eines Baumes. In dem Gebäude ist jede der Wohnungen individuelle gestaltet. Allen gemein sind die runden Terrassen, die sich um die Außenseite winden und den Bewohnern einen Panoramablick über die Stadt bieten.

Av. de América, 37, Chamartín, 28002 Madrid, Spanien

Naturwunder

Die Felspyramide von Navarra

Wohnmobilisten aufgepasst! Im Norden Spaniens unterhalb der Grenze zu Frankreich liegt der Naturpark Bardenas Reales, der unbedingt auf die Liste besonderer Reiseziele gehört. Die Halbwüste umfasst ein Gebiet von rund 420 Quadratkilometern. Sie wird geprägt von faszinierenden ockerfarbenen Wüsten- und Berglandschaften mit Hochebenen. Lehm- sowie Sand- und Kalksteinschichten erodierten in dem Biosphärenreservat zu bizarren Formen, die mitunter an gigantische Strandburgen erinnern. Eine der eindrucksvollsten Landmarken ist das Castildetierra, das Schloss aus Erde. Der Felsen hat die Form einer Pyramide, an deren Spitze sich ein fast gerader Turm gen Himmel erhebt. Der Eintritt in den Naturpark ist frei. Er kann zum Beispiel auf einem rund 30 Kilometer langen Rundweg mit dem Pkw oder Wohnmobil erkundet werden. Das Übernachten im Park ist leider nicht gestattet. Bis Sonnenuntergang müssen Fahrzeuge den Park verlassen haben. In der Nähe finden sich jedoch genügend idyllische Stellplätze.

31500, Navarra, Spanien. Koordinaten: 42°12'36.9" N 1°30'56.59"W

Geschichte hautnah

Die Klosterhöhle Aya Nikola in Kıyıköy

Da fährt man vom Stadtzentrum von Kıyıköy Richtung Nordwesten noch einmal 1000 Meter in ein landschaftliches Niemandsland und steht plötzlich vor einem 1500 Jahre alten byzantinischen Felsenkloster. Es handelte sich allerdings um kein reines Felsenkloster. Früher befand sich auch noch ein hölzerner Vorbau am Klosterfelsen, von dem es jedoch keinerlei Überreste mehr gibt. Wer einen Schlafsack dabeihat, könnte in den heute noch vorhandenen uralten Felshöhlen sogar übernachten. Einen Zaun? Gibt es nicht. Eintritt? Wird auch nicht verlangt. Allerdings liegt womöglich einiges an Müll in der nicht gewarteten Anlage. Die in den Felsen gehauenen Kammern lassen eine gute Vorstellung von der Raumaufteilung im ehemaligen Kloster zu. Überhaupt kann man sich hier wunderbar in längst vergangene Zeiten hineinfühlen. Einfach so einen derart beeindruckenden Kulturschatz der Menschheit besuchen zu können, ist unbezahlbar.

Güven, 39400 Kıyıköy/Vize/Kırklareli, Türkei

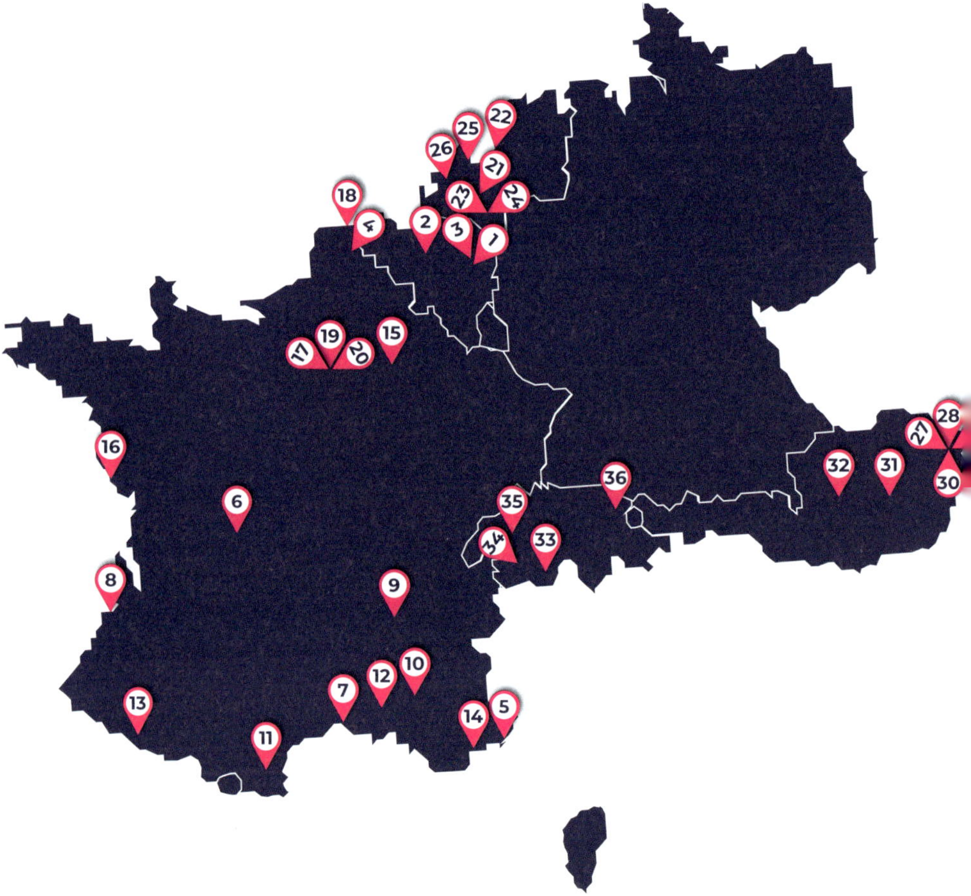

22
25
26
21
18
23
24
4
2
3
1
19
15
17
20
28
27
16
32
31
30
36
6
35
34
33
8
9
10
12
7
13
5
14
11

WESTEUROPA

1 Die Kirche »Reading Between The Lines« in Borgloon
2 Das Manneken-Pis-Kleidermuseum in Brüssel
3 Der Radweg durch den See in Bokrijk
4 Die »Schwarzen Pyramiden« von Loos-en-Gohelle
5 Der eckige Kopf in Nizza
6 Die Weltkriegsstadt Oradour-sur-Glane
7 Die Salzgärten von Aigues-Mortes
8 Die große Düne von Pilat
9 Der Palast des Briefträgers in Hautrives
10 Die Ockerfelsen von Rustrel
11 Die Erdpyramiden von Ille-sur-Têt
12 Die Steinbrüche des Lichts in Les Baux-de-Provence
13 Der Chemin de la Mâture in Etsaut
14 Die Moschee Missiri in Fréjus
15 Die Rennstrecke von Reims-Gueux
16 Das Seemuschelviertel in Les Sables d'Olonne
17 Die Monorail-Teststrecke bei Gometz-la-Ville
18 Der Spiegelbunker von Leffrinckoucke
19 Der Riesencamembert von Paris
20 Die Kirche aus Eisenbeton in Le Raincy
21 Die Kugelhaus-Siedlung in 's-Hertogenbosch
22 Der hockende Riese von Lelystad
23 Der Eindhovener Van-Gogh-Fahrradweg
24 Der Silly Walks Tunnel in Eindhoven
25 Das Mikrobenmuseum »Artis Micropia« in Amsterdam
26 Die Salatschüssel in Rotterdam
27 Das Wiener Uhrenmuseum
28 Die medizinischen Wachsfiguren in Wien
29 Die Wotrubakirche in Wien
30 Die Flaktürme im Wiener Augarten
31 Der Grüne See von Tragöß-Sankt Katharein
32 Die Tauplitzer Steinzeithöhle
33 Die Charles Kuonen Hängebrücke in Randa
34 Der unterirdische See von Saint-Léonard
35 Die Museumsbar in Gruyères
36 Das anschmiegsame Gasthaus in den Schweizer Bergen

Achtung Kunst!

Die Kirche »Reading Between The Lines« in Borgloon

Zwischen den Zeilen lesen zu können, ist eine große Kunst. Das dachten sich wohl auch die beiden belgischen Architekten Pieterjan Gijs und Arnout Van Vaerenbergh, als sie ihre Kirche mit dem Namen »Reading Between The Lines« schufen. Es handelt sich dabei um keine echte Kirche, wohl aber um eine Kunstinstallation, die zum Nachdenken über die Kirche an sich anregt. Denn die Installation »Reading Between The Lines«, die auch »Doorkijkkerk«, also »Durchguckkirche«, genannt wird, ist scheinbar durchsichtig. Je nach Tageszeit und Sonnenstand zeichnet sich die Form der auf einem kleinen Hügel bei Borgloon unweit von Maastricht gelegenen Kirche mal mehr, mal weniger präsent ab. Auch die Position, aus der der Betrachtende auf die Kirche blickt, beeinflusst die Transparenz der Installation. Dieser Effekt der Durchsichtigkeit entsteht durch 100 horizontale Stahlplatten in Kirchenform. Die Platten werden wiederum von 2000 dünnen Stahlsäulen zusammengehalten. Zwischen den Platten gibt es jeweils eine Aussparung von 9 Zentimetern, sodass die Landschaft von allen Seiten durch die Kirche hindurchscheinen kann. Insgesamt ist die Kirche 10 Meter hoch. Die Architekten wollten mit ihrer Installation auf die Allgegenwart von Kirchen in unseren Städten und das gleichzeitige Verschwinden der Kirche aus unserem Leben aufmerksam machen. In dieser Form absolut gelungen.

Grootloonstraat 2, 3840 Borgloon, Belgien

Schräge Museen

Das Manneken-Pis-Kleidermuseum in Brüssel

Das berühmteste Wahrzeichen Brüssel ist 61 Zentimeter hoch, aus Bronze und pinkelt seit mehr als 400 Jahren fröhlich in einen Brunnen: Manneken Pis. Normalerweise ist der pinkelnde Jüngling in seiner natürlichen Pracht, also nackt, zu bewundern. An manchen Tagen jedoch trägt er eines seiner mittlerweile rund 1000 Manneken-Pis-Outfits. Eines der ältesten stammt aus dem 18. Jahrhundert. Damals machten sich französische Soldaten über die Figur lustig, die im Jahr 1619 von dem Brüsseler Bildhauer Jérôme Duquesnoy geschaffen wurde. Um die aufgebrachte Brüsseler Stadtbevölkerung zu besänftigen, ließ der französische König ein Edelmann-Kostüm für den Manneken Pis schneidern. Über die Jahrhunderte kamen immer mehr Kleidungsstücke hinzu. Spielt die belgische Nationalmannschaft, trägt der Manneken Pis selbstverständlich das Trikot der Roten Teufel, wie die Mannschaft auch genannt wird. Ansonsten war der Knabe auch schon im Elvis-Kostüm zu bewundern oder als Mozart, Mickey Mouse oder Rapper angezogen. Jedes Jahr wächst der Kleiderfundus um 20 bis 30 Outfits. Zum Beispiel durch offizielle Staatsgeschenke anderer Länder. Rund 140 der Manneken-Pis-Dresses sind seit 2017 in einem kleinen Museum unweit des Brunnens zu bewundern: »GardeRobe MannekenPis« in der Rue du Chêne führt durch den gesamten popkulturellen und internationalen Kleiderschrank der kleinen Figur.

Das Manneken-Pis-Kleidermuseum hat dienstags bis sonntags von 10 bis 17 Uhr geöffnet. Tickets kann man vorab online buchen: www.mannekenpis.brussels

Rue du Chêne 19, 1000 Brüssel, Belgien

?!

Völlig verrückt

Der Radweg durch den See in Bokrijk

Wer noch nicht vom Fahrradfahren überzeugt sein sollte: Dieser Radweg lohnt sich auch für Menschen, die sonst nur ungern aufs Zweirad steigen, denn er führt mitten durch einen See. Und zwar so, dass man nach eine paar Metern wirklich auf Augenhöhe mit der Wasseroberfläche ist. Und wenig später ertappt man sich bei dem Gedanken: So muss sich Moses gefühlt haben, als er das Rote Meer geteilt hat. Der Radweg durch den See befindet sich bei Bokrijk, knapp 150 km von Gent entfernt. Am leichtesten zu finden ist der Weg, wenn man bei Google Maps nach »Fietsknooppunt 91« sucht und sich dann führen lässt. Wer mit dem Auto anreist, kann es auf einem der beiden kostenpflichtigen

Parkplätze von Bokrijk abstellen, bevor er aufs Rad umsattelt. Besitzt man kein eigenes Fahrrad, kann man sich vor Ort eins leihen. Auch mit den öffentlichen Verkehrsmitteln ist der See gut erreichbar. Die Nutzung des Weges durch den See ist kostenlos. Selbstverständlich steht der rund 200 Meter lange und 3 Meter breite Radweg auch Fußgängern offen. Vor allem bei Sonnenaufgang und Windstille ist die Atmosphäre auf dem Weg durchs Wasser ebenso genial wie verrückt.

Weitere nützliche Information zu dem Weg durch das Wasser findet man auf www.visitlimburg.be/de/radeln-durchs-wasser

Fietsknooppunt 91, 3600 Genk, Belgien

Landmarke

Die »Schwarzen Pyramiden« von Loos-en-Gohelle

Wer einmal nachempfinden möchte, wie sich für Frodo und Samweis Gamdschie der Weg nach Mordor angefühlt hat, muss nur in den Norden Frankreichs nach Loos-en-Gohelle fahren und die dortigen »Schwarzen Pyramiden« besteigen. Dabei handelt es sich um die zwei größten Kohlehalden Europas. Bis in eine Höhe von 188 Meter recken sich die dunklen Schlackeberge und versprechen einen atemberaubenden Blick ins Land. Vor allem im Winter ist das Farbspiel des Bodens beeindruckend. Im Sommer durchbrechen dagegen grüne Grasstreifen die schwarze Schlacke. Die sogenannten Terrils, wie die Abraumhalden im Französischen heißen, sind Zeugen der einst lebendigen Bergbaukultur. Vor allem die letzten Meter bis zur Spitze, auf denen man sich entlang ausgetretener oder ausgewaschener Pfade kämpft, erfordern ordentliches Schuhwerk und sorgen für das bereits angesprochene *Herr der Ringe*-Gefühl. Neben den besonders hohen Halden in Loos-en-Gohelle gibt es in der Gegend noch über 300 weitere Halden, die ganz unterschiedlich genutzt werden, unter anderem als künstliche Skipiste.

50 Loos-en-Gohelle, Frankreich

Geniale Architektur

Der eckige Kopf in Nizza

Wer im schönen Nizza den Boulevard Carabacel Richtung Stadtzentrum entlangspaziert, steht plötzlich vor einer riesenhaften schwarzen Statue. Diese Statue hat nackte, zum Teil abgeschnittene Schultern, ein rundes Kinn, sinnliche Lippen und … gerade hofft man, Nase, Augen, Ohren oder Haare auch noch zu Gesicht zu bekommen, doch da ist nur ein riesenhafter Quader. La Tête Carée – der »eckige Kopf« – ist stolze 28 Meter hoch und 14 Meter breit. Ein echter Klotz. Entworfen wurde die Statue von Sacha Sosno, einem französischen Künstler, der mit dem Werk die Gefährlichkeit, aber auch die Last des Denkens in Grenzen wunderbar illustriert. Der Kopf ist alles andere als schön, weshalb ihn viele Bewohner Nizzas auch nach 20 Jahren noch immer nicht ins Herz geschlossen haben. 2002 wurde die monumentale Skulptur eingeweiht und beherbergt seitdem auf insgesamt sieben Etagen die Büros der Stadtbibliothek Nizza. Steht die Sonne günstig und scheint durch eine der oberen Eckseiten hindurch, bekommt man auch tagsüber ein Gefühl für das Innenleben des Kopfes. Am Abend leuchtet dagegen die gesamte Fassade in den verschiedensten Farben und macht so die einzelnen Stockwerke des Gebäudes sichtbar. Wer den Tête Carée von innen besichtigen will, muss – Stand Frühjahr 2024 – versuchen, einen Job bei der Bibliothek zu ergattern. Doch das könnte sich in Zukunft ändern. Es gibt mittlerweile Überlegungen, den Kopf zu einem Bildungsort umzugestalten und so der Öffentlichkeit zugänglich zu machen.

25 Trav. Barla, 06000 Nizza, Frankreich

Geschichte hautnah

Die Weltkriegsstadt Oradour-sur-Glane

Zwischen Paris und Bordeaux und unweit von Limoges liegt das kleine Dörfchen Oradur-sur-Glane. Die Gegend ist bekannt für seine herausragende Butter und diverse Fleischspezialitäten. Ein ganz normales Fleckchen Frankreich eben, mit einer wundervollen Landschaft und gutem Essen. Wäre da nicht die Erinnerung an eines der grausamsten Verbrechen, das die SS im Zweiten Weltkrieg in Frankreich begangen hat. Im Jahr 1944 reagierten die deutschen Besatzer auf den ständigen Partisanenkampf der französischen Bevölkerung mit grausamen Massakern gegen die Zivilbevölkerung, mit denen sie den Widerstand der Franzosen brechen wollten. Eines dieser Massaker fand in Oradur-sur-Glane statt. Dabei kamen 643 Menschen, darunter auch Kinder, ums Leben. Nur 36 überlebten. Das Dorf wurde vollkommen zerstört. Und ist es noch heute. Nach dem Krieg wurde entschieden, die Ruinen der Häuser, Straßen und Kirchen als Mahnmal in ihrem Zustand zu belassen. Nicht einmal die ausgebrannten alten Autos wurden beseitigt. Und so geht man durch Oradour-sur-Glane mit dem Gefühl, inmitten der Filmkulisse eines Kriegsfilms zu stehen. Nur dass dies eben keine Kulisse, sondern echt ist. Mit der Folge, dass Krieg sich plötzlich nicht mehr nur abstrakt und surreal, sondern unheimlich nah anfühlt.

87520 Oradour-sur-Glane, Frankreich

Naturwunder

Die Salzgärten von Aigues-Mortes

Zwischen Montpellier und Marseille befinden sich die Salin de Aigues-Mortes – die Salzgärten von Aigues-Mortes. Schon seit mehr als 2400 Jahren wird in dieser Gegend Salz gewonnen. Die flache Ebene direkt am Meer, die den Ort umgibt, sorgt für perfekte Bedingungen für die Salzproduktion auf traditionelle Art. Dabei wandert Wasser über vier Monate durch verschiedene Becken, wobei der Salzgehalt immer höher wird und sich schließlich der sogenannte Salzkuchen bildet, der dann als Fleur du Sel geerntet werden kann. Das Besondere an den Salinen von Aigues-Mortes sind jedoch die mikroskopisch kleinen Bewohner des Salzwassers: Algen und Halobakterien. Sie sorgen dafür, dass das Wasser in den riesigen Salzbecken nicht etwa weiß aussieht, sondern einen mal mehr mal weniger starken rosafarbenen Schimmer bekommt. Das rosa Wasser sieht dann auch so gar nicht nach Salz- sondern eher nach Zuckerwasser im Barbie-Land aus. Besonders eindrucksvoll wird es, wenn sich hinter den rosafarbenen Salzseen in der Erntezeit auch noch mächtige schneeweiße Salinenberge in den Himmel erheben. Die Salinen von Aigues-Mortes können entweder mit dem Zug besichtigt werden oder man entdeckt diese surreale Landschaft auf einem kostenpflichtigen Trail mit dem eigenen oder einem geliehenen Fahrrad.

Route du Grau du Roi, 30220 Aigues-Mortes, Frankreich

Naturwunder

Die große Düne von Pilat

Sahara-Feeling an der Westküste Frankreichs. Für eine Wüstenwanderung muss man tatsächlich nicht bis nach Afrika fahren, sondern lediglich bis La Teste-de-Buch, in der Nähe des kleinen Städtchens Arcachon. Vom Dünenparkplatz aus geht man einfach zu Fuß weiter auf Europas größter Wanderdüne. Die Dune du Pilat ist rund 110 Meter hoch, fast 3 Kilometer lang und etwa 500 Meter breit. Und je nachdem, wo man sich befindet, ermöglicht sie spektakuläre Aussichten. Zum einen natürlich auf den Atlantik und das nördlich gelegene Cap Ferret, zum anderen auf den Kiefernwald, der sich hinter der Düne erstreckt und in dem sich der Sand urplötzlich verliert. Es handelt sich um das größte zusammenhängende Waldgebiet in Westeuropa. Ein völlig verrückter Anblick. Es gibt auf der Düne jedoch auch Passagen, in denen man nichts weiter als Sand und Himmel sieht und sich wie in einer Wüste vorkommt. Der Weg durch den Sand ist kräftezehrend. Bei einem Besuch sollte man – wie in einer echten Wüste – ausreichend Wasser dabeihaben. Die Düne kann übrigens ganzjährig begangen werden.

33115 La Teste-de-Buch, Frankreich.
Koordinaten: 44°35′51″N 1°11′54″W

?!

Völlig verrückt

Der Palast des Briefträgers in Hautrives

Wir befinden uns in Hautrives, einem Örtchen im Herzen Frankreichs, von dessen Existenz heute vermutlich niemand etwas wissen würde. Außer den Menschen, die hier oder in einem Umkreis von rund 20 Kilometern leben. Wäre da nicht der ebenso fleißige wie begabte Postbote Ferdinand Cheval gewesen, der im Jahr 1879 damit begann, seinen »Palais idéal« zu bauen, einen Märchenpalast, der voller Wunder steckte. Cheval hatte wohlgemerkt weder eine Ausbildung als Architekt noch als Maurer. Er hatte das Bäckerhandwerk gelernt und war später Postbote geworden. Und dennoch schlummerte in ihm die Vorstellung eines Palastes, den er fortan über einen Zeitraum von 33 Jahren in Eigenregie errichtete. Dafür verwendete er Steine, die er selbst sammelte. Aber auch Kalk, Mörtel und Zement. Cheval arbeitete zudem mit Metallverstärkungen, um die Tragfähigkeit seiner Konstruktion zu gewährleisten. Der Palast des Briefträgers wurde schließlich 10 Meter hoch, 14 Meter breit und 26 Meter lang. Eine Baugenehmigung? Gab es nicht. Cheval formte einfach, was ihm in den Sinn kam. Doch nicht nur seine Entstehungsgeschichte macht das Bauwerk, das dabei entstand, so besonders, sondern auch sein fantasievolles Aussehen. In die Fassade arbeitete Cheval allerlei Verzierungen ein, die von Weitem an die sinnliche asiatische Tempelarchitektur erinnern. Von Nahem erkennt man gehörnte Dämonen, Löwen und Geparden, aber auch Elefanten und Hirsche. Die Tiere bewegen sich zwischen steinernen Palmen und Olivenbäumen. Die Muscheln, die Cheval verbaute, hatten ihm Kinder aus den Ferien mitgebracht. Es entstanden Zimmer, Teiche, Tempelabschnitte und eine Gruft. In der wollte Cheval eigentlich begraben werden. Doch daraus wurde nichts. Bauen ohne Baugenehmigung, darüber sahen die Behörden vielleicht noch hinweg. Aber ein Grabmal, das muss sich nun mal auf einem Friedhof befinden. Nachdem Cheval seinen Palast fertiggestellt hatte, packte der Briefträger wieder Steine und Sand in seine Schubkarre und arbeitete acht Jahre lang auf dem nächstgelegenen Friedhof an seiner »Gruft der Stille und unendlichen Ruhe«. 1922 stellte er sie im Alter von 86 Jahren fertig. 1924 fand er darin hoffentlich, wonach er sein Leben lang suchte.

Öffnungszeiten und Eintrittspreise für den Palais idéal findet man hier: www.facteurcheval.com

Palais idéal: 8 Rue du Palais, 26390 Hauterives, Frankreich. Friedhof: 57–59 L'Ancienne Église, 26390 Hauterives, Frankreich

Naturwunder

Die Ockerfelsen von Rustrel

Rot glühende Felsen heben sich in bizarren Formen aus einem malerischen Waldgrün. Man sieht spitze Türme, mal geschwungene, mal schroffe Felswände, Brüche, die wie mit dem Lineal gezogen scheinen. Immer wieder geht das intensive Rot in gelbe und orangefarbene Töne über. Was für ein Spektakel. Die Ockerfelsen von Rustrel befinden sich im Naturpark Luberon und ähneln im Kleinen dem Farbspiel, für das man sonst bis zum Grand Canyon reisen müsste. Die Gegend um Rustrel wird daher auch als »Provenzalisches Colorado« bezeichnet. Ursprünglich waren die Felsen einmal grün. Sie entstanden vor mehr als 200 Jahren, als die Gegend noch von einem Meer bedeckt war. Auf dem Grund sammelte sich damals eisenhaltige Tonerde, die durch diverse chemische Prozesse grün gefärbt wurde. Als das Meer verschwand, färbten sich die Felsen nach und nach um. Mehr als 20 unterschiedliche Farbtöne haben Wissenschaftler entdeckt. Neben Rustrel ist auch das 15 Kilometer entfernte Roussillon für seine Ockerfelsen berühmt. Die Landschaft in Rustrel ist jedoch größer und imposanter.

Parkplatz: Parking des mille couleurs, Chem. du Logis Neuf, 84400 Rustrel, Frankreich

Naturwunder

Die Erdpyramiden von Ille-sur-Têt

Westlich von Perpignan haben Wind und Wasser in 5 Millionen Jahre dauernder Arbeit eine geheimnisvoll wirkende Naturlandschaft geschaffen: die Orgues d'Ille-sur-Têt, die Orgeln von Ille-sur-Têt. Dabei handelt es sich um weiß-beige schimmernde Sandsteinformationen, die sich bis zu 12 Meter auftürmen können. Die große Wand, in die der Regen lauter Rinnen gewaschen hat, sieht tatsächlich aus wie eine Orgel mit ihren aneinandergereihten Pfeifen. Doch steht daneben nicht die steingewordene Figur eines Schäfers, der sich auf einen Stock stützt und einen großen Hut trägt, der ihn vor der sengenden Sonne schützt? Jahr für Jahr wäscht der Regen Sand aus den Erdpyramiden und formt so neue Bilder und Figuren in den Stein.

Chem de Regleilles, 66130 Ille-sur-Têt, Frankreich

Achtung Kunst!

Die Steinbrüche des Lichts in Les Baux-de-Provence

Derzeit touren immer wieder sogenannte immersive Kunstausstellungen durch die großen Städte Deutschlands und Europas. Dabei werden die Bilder eines Künstlers mittels Projektionen an Wände, Boden und Decken zum Leben erweckt. Meist ist das Ganze auch musikalisch untermalt. Die Mutter aller immersiven Kunstausstellungen befindet sich in Les Baux-de-Provence in den sogenannten Carrières des Lumières, den Steinbrüchen des Lichts. Dabei handelt es sich tatsächlich um einen alten Kalksteinbruch, der im Jahr 1935 geschlossen wurde und in dessen riesigen Innenräumen man sich fühlt wie in einer uralten Pyramide oder einem antiken Tempel. Seit 2012 werden die akkurat in den Felsen gehauenen Räume für digitale Kunstprojektionen genutzt, die den Raum um einen herum in eine Art Kunstraumschiff verwandeln. Unter anderem wurden bereits die Werke von van Gogh, Monet, da Vinci und Michelangelo in diesem einzigartigen Ambiente gezeigt.

Weitere Informationen zu den Carrières des Lumières findet man auf www.carrieres-lumieres.com/en

Route de Maillane, 13520 Les Baux-de-Provence, Frankreich

Kraftorte

Der Chemin de la Mâture in Etsaut

In den Pyrenäen befindet sich einer der merkwürdigsten Wanderwege Europas. Er wurde über etwas mehr als 1 Kilometer in den Felsen gehauen und zieht sich an einer Stelle des Wegs wie ein Strich durch eine nach oben und unten glatte Steilwand. Gebaut wurde der Weg bereits im 17. Jahrhundert. In diesem Teil der Pyrenäen wuchsen damals besonders gerade Bäume, die sich hervorragend als Masten für die königliche Kriegsflotte eigneten. Um die Bäume mit Ochsen durch das unwegsame Gelände transportieren zu können, wurde kurzerhand ein Weg in den Felsen geschlagen: der Chemin de la Mâture, der Weg des Mastwerks.

64490 Etsaut, Frankreich.
Koordinaten: 42°53'17.87"N 0°33'8"E

Geniale Architektur

Die Moschee Missiri in Fréjus

Wen es an die französische Côte d'Azur verschlägt, der sollte auf dem Weg von Cannes nach Saint Tropez unbedingt auch in Fréjus haltmachen. Dort befindet sich mit der Moschee Missiri ein außergewöhnliches Bauwerk. Wie eine Fata Morgana erscheint die Moschee, die der berühmten großen Moschee von Djenné in Mali nachempfunden ist. Die Moschee Missiri – nicht zu verwechseln mit der 2016 eröffneten Moschee von Fréjus – erstrahlt im Gegensatz zu ihrem sandfarbenen Vorbild ganz in Rot und ist auch nicht aus Lehm, sondern aus Stahlbeton gefertigt. Gleich sind allerdings die nach außen ragenden Palmstämme, die das Gebäude einerseits stabilisieren, andererseits als permanentes Gerüst dienen, falls Reparaturen notwendig sind. Und die hätte die Missiri-Moschee tatsächlich dringend nötig.

Bei der Missiri-Moschee handelt es sich übrigens nicht um ein kirchliches Gebäude. Es wurde um 1928 als kleines Gemeindezentrum von der französischen Armee für die senegalesischen Tirailleurs errichtet, das die westafrikanischen Kämpfer an zu Hause erinnern sollte. Seit 1987 steht die Moschee unter Denkmalschutz.

112 Rue du Malbousquet, 83600 Fréjus, Frankreich

Ruinen und Lost Places

Die Rennstrecke von Reims-Gueux

Ein Muss für Menschen mit Benzin im Blut. Vierzig Jahre lang war der Circuit de Reims-Gueux die wichtigste Rennstrecke für den französischen Motorsport. Von 1926 bis 1966 fanden hier regelmäßig Formel-1-Wettrennen, Sportwagenrennen oder Motorrad-Weltmeisterschaften statt. In seinen frühen Jahren gehörte der rund 8 Kilometer lange Kurs zu den drei schnellsten in Europa. In den letzten Jahren wurden hier Rundenzeiten mit einer Durchschnittsgeschwindigkeit von rund 230 Stundenkilometern erzielt. Da es jedoch für derart hohe Geschwindigkeiten an Sicherheitsvorkehrungen fehlte, wurde die Strecke 1972 schließlich komplett stillgelegt, nachdem sie bereits mehrere Todesopfer gefordert hatte. Seitdem sind die alten Tribünen und Boxengassen mit nostalgischen Castrol-, Dunlop-, Shell-, Coca Cola- oder l'Equipe-Werbungen sich selbst überlassen. Sogar alte Tanksäulen und Anzeigetafeln gibt es noch an den Straßen des Rennkurses, die heute für den ganz normalen Verkehr genutzt werden.

Route D27, 51390 Gueux, Frankreich

Achtung Kunst!

Das Seemuschelviertel in Les Sables d'Olonne

In Les Sables D'Olonne an der französischen Westküste fing die Künstlerin Danièle Arnaud Aubin im Jahr 1997 damit an, Mosaike aus Muscheln auf die Häuserwände des kleinen Stadtviertels L'île Penotte zu kleben. Vögel, Sonnen, Anker … ihrer Fantasie waren keine Grenzen gesetzt. Mit der Zeit wurden diese Mosaike immer größer und kunstvoller. Wohl auch, weil sie sich als veritabler Besuchermagnet erwiesen. Mittlerweile sind manche der gestalteten Häuserwände nicht nur Leinwand, sondern selbst Teil der Werke, wenn zum Beispiel Türen und Fenster aufwendig in Szene gesetzt werden. Was an der Muschelkunst besonders fasziniert, ist ihre Vielseitigkeit durch die unterschiedlichen verwendeten Muschelarten wie zum Beispiel Austern, Stab- und Kammmuscheln oder aber Mies- oder Venusmuscheln. Eintritt? Kostet das Ganze zum Glück auch nicht. Startpunkt des Spaziergangs ist am besten an der Ecke Rue Travot, wo es unweit des Strands in die Rue d'Assas hineingeht.

Rue d'Assas, 85100 Les Sables d'Olonne, Frankreich

Landmarke

Die Monorail-Teststrecke bei Gometz-la-Ville

Hochfliegende Träume münden leider nicht immer in großem Erfolg. Das trifft auch auf den ambitionierten Plan für den Aérotrain zu. Dabei handelte es sich um eine Luftkissenschwebebahn mit Stahltriebwerken, die auf nur einer Schiene fahren sollte. Für den Zug wurden zwei Teststrecken gebaut. Während die erste Strecke ebenerdig gebaut wurde, stellten die Ingenieure die Schiene der zweiten Strecke auf T-Profile, sodass der Zug in 5 Metern Höhe über dem Boden fuhr, wie man es in Science-Fiction-Filmen häufig sieht. Der Aérotrain galt zwischen 1960 und 1970 als eines der technischen Prestigeobjekte Frankreichs. Tatsächlich gelangen den Prototypen Aérotrain 01 und Aérotrain 02 diverse Geschwindigkeitsrekorde. Zuletzt konnte beim Aérotrain 02 auf einer 1 Kilometer langen Strecke eine Geschwindigkeit von 411 km/h gemessen werden.

Die Aérotrain-Technik wurde letztlich auch wegen der Menge an technischen Nachteilen – etwa hoher Energieverbrauch, starker Lärmpegel, Inkompatibilität mit dem herkömmlichen Schienennetz – zugunsten der TGV-Züge der französischen Staatsbahn SNCF aufgegeben. Doch noch immer durchzieht die Strecke die französische Landschaft in der Nähe von Paris. In Gometz-la-Ville findet man neben einem Teilabschnitt der Strecke zudem ein Denkmal in Form eines Aérotrains.

91400 Gometz-la-Ville, Frankreich. Koordinaten des Denkmals: 48°40′6″N 2°7′6″E

Achtung Kunst!

Der Spiegelbunker von Leffrinckoucke

Noch immer ist der Zweite Weltkrieg die erste Assoziation mit der französischen Stadt Dunkerque. Erstmals war die Stadt bei der Schlacht von Dünkirchen im Jahr 1940 besonders vom Kriegsgeschehen betroffen. Später wurde sie von der deutschen Wehrmacht als Teil der Atlantikfestung genutzt. Reste des sogenannten Atlantikwalls finden sich noch immer am Strand. Zu massiv sind die Betonklötze, um sie dauerhaft zu entfernen. Und bei Ebbe sind sogar noch immer die Reste eines der Schiffswracks zu sehen, mit denen die britischen Soldaten im Jahr 1940 von hier aus evakuiert werden sollten. 2014 hatte der in Dunkerque aufgewachsene Künstler Bertrand Seguin dann die Idee, sich des Kriegserbes, das am Strand herumlag, anzunehmen. Er begann in Leffrinckoucke, oberhalb von Dünkirchen gelegen, einen der Bunker nach und nach mit Spiegelscherben zu bekleben. Ein Jahr dauerte es, bis der Bunker komplett umhüllt war. Eine Genehmigung hatte Seguin nicht, aber dank des positiven Echos aus der Bevölkerung erhielt er sie später. Der zuvor triste Betonblock wirkte mit einem Mal nämlich sehr lebendig. Vor allem, da er sein Aussehen je nach Tageszeit und Wetter verändert. In den Jahren danach entstanden an vielen anderen der umliegenden Bunker bunte und große Graffiti. Auch sie lohnen einen Besuch. Doch Seguins Spiegelbunker ist der eindringlichste Beweis für die enorme und heilenden Wirkung, die Kunst in ihren besten Momenten entfalten kann.

**Chem. de la Batterie,
59495 Leffrinckoucke, Frankreich**

Geniale Architektur

Der Riesencamembert von Paris

Auch wenn der Name etwas anderes verspricht, Pablo Picasso hat nicht selbst Hand an diesen außergewöhnlichen Gebäudekomplex namens Arènes de Picasso im Quartier Pavé-Neuf des Pariser Vorortes Noisy-Le-Grand angelegt. Für das Haus, das wie ein aufgestellter Riesencamembert aussieht, zeichnete der spanische Architekt Manuel Nuñez Yanowsky verantwortlich, und wurde zwischen 1977 und 1985 erreichtet. Die postmoderne Gigantomanie ist typisch für Teile der Architektur der Pariser Banlieue mit ihren oft tristen Wohnsilos aus Beton. Ebenfalls in Noisy-Le-Grand befindet sich zum Beispiel das Gebäudeensemble Espaces d'Abraxas, dessen brachiale Kombination von Wohn- und Arenenarchitektur zur perfekten Filmkulisse für die *Hunger Games* wurde. Im Komplex Arènes de Picasso verweben sich Elemente der antiken Architektur mit Stilmitteln aller Epochen wie etwa der Gotik und schaffen so ein merkwürdiges Gefühl von Bekannt- und Fremdheit zugleich. Muss man mal gesehen haben.

6 Pl. Pablo Picasso, 93160 Noisy-le-Grand, Frankreich

Geniale Architektur

Die Kirche aus Eisenbeton in Le Raincy

Was ist das bitte für eine Kirche? Bereits von außen wirkt sie wie einer der alten Skyscraper aus New York. Stück für Stück verjüngt sich der Kirchenturm wie das Empire State Building. Und auch drinnen herrscht Bahnhofshallen-Feeling wie an der Grand Central Station. Eine geschwungene Betondecke wird von dünnen Säulen getragen. Die Wände scheinen dagegen über dem rund 2 Meter hohen Sockel wie aufgelöst und ein einziges Fenster zu sein. Das »Netz«, das die Architekten für die Fensterfront ebenfalls aus Beton gesponnen haben, wirkt beinahe filigran. An Sonnentagen ist die Kirche daher lichtdurchflutet. 1923 wurde die Église Notre-Dame de la Consolation in Raincy eröffnet und gilt seither als Pioniertat des Eisenbetonbaus. Das Empire State Building wurde übrigens erst 1931 fertig. Wer weiß, wer da am Ende von wem abgekupfert hat.

Die Kirche ist täglich von 8 bis 19 Uhr geöffnet. Weitere Informationen findet man auf der Homepage der Kirche: www.notredameduraincy.fr

83 av. de la Résistance, 93340 Le Raincy, Frankreich

Geniale Architektur

Die Kugelhaus-Siedlung in ’s-Hertogenbosch

Die Außerirdischen sind längst unter uns. Sie leben in einer kleinen Siedlung namens Bolwoningen im niederländischen ’s-Hertogenbosch. Ihre schneeweißen Kugelraumschiffe haben sie einfach zu Wohnungen umfunktioniert. Die rund 50 Kugelhäuser sehen weder auf den ersten noch auf den zweiten und nicht einmal auf den dritten Blick aus wie von dieser Welt. Sind sie aber doch. Entworfen hat sie der Avantgarde-Architekt Dries Kreijkamp in den Siebzigerjahren. Die Tiny-House-Vorreiter mit 55 Quadratmetern Wohnfläche verfügen über ein Schlafzimmer, ein Wohnzimmer mit Mini-Küche und ein etwa 2,5 Quadratmeter großes Badezimmer mit Dusche und WC. Über eine Wendeltreppe erreicht man in die verschiedenen Ebenen im Inneren der Kugel.

Eigentlich sollte die Siedlung in den Neunzigerjahren abgerissen werden, da die 1250 Kilogramm schweren Betonkonstruktionen arg in die Jahre gekommen waren. Zum Glück fand sich jedoch ein Investor, der die Kugelhäuser renovierte, sodass sie heute noch immer als Wohnungen genutzt werden können.

Bollenveld 51, 5235 NL ’s-Hertogenbosch, Niederlande

Achtung Kunst!

Der hockende Riese von Lelystad

Tja, da hockt er also, der 25-Meter-Riese. Mitten auf dem Deich. Und macht genau was? Die Einheimischen sagen, er kackt. Könnte stimmen. Weshalb die Statue, die offiziell auf den Namen »Exposure« hört im Volksmund meist nur »The Shitting Man« genannt wird. Verantwortlich für dieses Kunstwerk ist der britische Künstler Antony Gormley. 60 Tonnen wiegt das von ihm geschaffene durchsichtige Stahlskelett, das die Figur eines Mannes nachzeichnet. Je näher man dem Werk kommt, desto mehr verschwimmen die Formen. Angeblich hat Gormley sich selbst abgebildet. Wer sich für spektakuläre Kunst im Raum interessiert, findet in Europa und der Welt weitere seiner Arbeiten. Und genau wie der kontemplativ aufs Meer blickende Riese aus Stahl, haben auch sie immer das gewisse Etwas.

Lelystad, Niederlande.
Koordinaten: 52°31'18.9"N 5°25'31.1"E

Achtung Kunst!

Der Eindhovener Van-Gogh-Fahrradweg

Dass die Niederländer verrückt aufs Radfahren sind, hat sich mittlerweile herumgesprochen. Mit dem über 400 Kilometer langen Van-Gogh-Radweg haben sie außerdem einem ihrer berühmtesten Maler ein Denkmal gesetzt. Auf zehn Teilabschnitten führt der Weg durch Landschaften und in Orte, die den Maler inspirierten oder in denen er gelebt hat. Der genialste Teil des Wegs befindet sich westlich von Eindhoven. Es handelt sich um den sogenannten Van Gogh Roosegaarde Fietspad. In den vom niederländischen Designer Daan Roosegaarde geschaffenen Weg sind leuchtende Farbelemente eingearbeitet, die dem Bild *Sternennacht* des Malers mit seinen geschwungenen Linien und üppigen Farbübergängen nachempfunden sind. Nachts beginnen sie zu leuchten, sodass man das Gefühl hat, direkt durch das Gemälde von Van Gogh zu fahren. Ein unglaublich intensives und berührendes Gefühl.

Van Gogh Roosegaarde Fietspad, Eindhoven, Niederlande

Völlig verrückt

Der Silly Walks Tunnel in Eindhoven

Jetzt wird komisch gelaufen. Und zwar so, wie es John Cleese, Mitglied der legendären Komikertruppe Monty Python, in einem Sketch über das »Ministerium für alberne Gangarten« vorgemacht hat. 2016 wurde der Dolmen-Tunnel in Eindhoven vom niederländischen Graffiti-Künstler Niels van Swaemen mit Wandbildern umgestaltet, die die aberwitzigen Gangarten von Cleese zum Thema haben. Seither ist der Tunnel nur noch als Silly Walk Tunnel bekannt. Durchlaufen, ohne einen albernen Gang einzulegen? Unmöglich.

Professor Doctor Dorgelolaan 8, 5613 AM Eindhoven, Niederlande

Schräge Museen

Das Mikrobenmuseum »Artis Micropia« in Amsterdam

Wusstest du, dass du aktuell rund 30 Billionen Lebewesen mit dir herumschleppst? Es handelt sich dabei um Bakterien, Viren, Pilze und kernlose Einzeller. Sie tummeln sich auf und in deinem Körper. Diese Mikroorganismen helfen dir bei der Verdauung, gehen zusammen mit dem Immunsystem gegen Krankheitserreger vor oder unterstützen die Produktion von Vitaminen. Leben, wie wir es kennen, wäre ohne Mikroorganismen tatsächlich gar nicht möglich. Im Micropia-Museum in Amsterdam hat man es sich zur Aufgabe gemacht, die für uns eigentlich unsichtbare Welt der so nützlichen wie wichtigen Mikroorganismen endlich sichtbar zu machen. Die zum Teil interaktiven Exponate offenbaren dabei, wie vielfältig und bunt es in dieser Mikrowelt zugeht.

Informationen rund um den Museumsbesuch findet man hier: www.micropia.nl

Plantage Kerklaan 38–40, 1018 CZ Amsterdam, Niederlande

Geniale Architektur

Die Salatschüssel in Rotterdam

Zu den Dingen, die fast jeder Mensch besitzt, oder die – IKEA sei Dank – zumindest schon jeder einmal in seinem Leben gesehen hat, gehört eine silberne Salatschüssel. Die Schüssel ist praktisch, macht alles mit und sieht zeitlos schön aus. Keine Ahnung, ob der Architekt Winy Maas von MVRDV genau dieses IKEA-Salatschüssel-Gefühl (Sie gefällt einfach jedem!) unbewusst in seinem Entwurf für das »Depot Boijmans van Beuningen« in Rotterdam hineingearbeitet hat. Aber als der 40 Meter hohe, nach oben auf 60 Meter Durchmesser anwachsende komplett verspiegelte Bau erst mal stand, sagten einfache alle nur: Was für eine schöne Salatschüssel! Der Eindruck wird durch die grünen Bäume auf dem Dach des Gebäudes noch verstärkt. Die gigantische Spiegelfassade hat je nach Entfernung des Betrachtenden eine ganz unterschiedliche Wirkung. Mal ist das Gebäude sehr präsent, mal verschwindet es in den Reflexionen seiner Umgebung und ist wie unsichtbar. Der Bau ist dabei nicht nur von außen spektakulär. Im Inneren hängen, wie es sich für ein Museumsdepot gehört, rund 2500 Gemälde, die gerade nicht ausgestellt sind oder repariert werden müssen. Im Depot werden aber auch Keramiken und Skulpturen aufbewahrt. Als eines der ersten Museumsdepots wurde »Depot Boijmans van Beuningen« im Jahr 2021 der Öffentlichkeit zugänglich gemacht und ermöglicht einen etwas anderen Blick auf den Kunst- und Museumsbetrieb.

Genaueres zu dem Depot, unter anderem die Möglichkeit zum Ticketkauf, gibt es auf www.boijmans.nl/en/depot

Museumpark 24, 3015 CX Rotterdam, Niederlande

Schräge Museen

Das Wiener Uhrenmuseum

Die Zeit gehört zu den spannendsten Themen im Leben eines Menschen. Hat er genügend Zeit? Oder keine? Nimmt er sich Zeit für die Dinge, die ihm wirklich wichtig sind? Und wie viel Zeit bleibt ihm im Leben eigentlich noch? Das Uhrenmuseum in Wien gibt keine Antworten auf diese Fragen, aber es hilft, sich dem Phänomen der Zeit zu nähern. Der Blick auf die teils antiken Uhren offenbart den recht alten Willen des Menschen, sich zum Herrn über die Zeit zu machen. Die Werke der 700 Stand-, Wand- oder Taschenuhren sind oft fantastisch filigran oder originell gearbeitet. Oder aber tonnenschwer, wie beim alten Turmuhrwerk des Stephansdoms. Das Uhrenmuseum ermöglicht eine spannende Zeitreise durch die Geschichte und die Handwerkskunst – im wahrsten Sinne des Wortes.

Das Uhrenmuseum hat dienstags bis freitags von 9 bis 17 Uhr und an Wochenenden von 10 bis 17 Uhr geöffnet. Weitere Informationen findet man hier: www.wienmuseum.at/uhrenmuseum

Schulhof 2, 1010 Wien, Österreich

Schräge Museen

Die medizinischen Wachsfiguren in Wien

Die Sammlung medizinischer Wachsfiguren im »Josephinum« ist nichts für schwache Nerven. Täuschend echt aussehend, liegen oder stehen dort aufgeschnittene Körper in gläsernen Sarkophagen und geben den Blick auf Knochen, Muskeln oder Eingeweide frei. Hinzu kommen zahlreiche Kleinstpräparate, die Organe oder Erkrankungen zeigen. Fast scheint es, als wäre man in der Körperwelten-Ausstellung von Dr. Gunter von Hagens gelandet. Doch wie gesagt, die historischen Stücke im »Josephinum« sind nicht echt, sondern aus Wachs gefertigt und dienten im 19. Jahrhundert der Ausbildung von Ärzten und Hebammen. Besonders faszinierend sind zum Beispiel die Geburtshilfen-Modelle, die zeigen, wie ein Kind mittels Zange aus dem Geburtskanal geholt werden kann. Das Buchen einer Führung lohnt sich, da die Ausstellungsstücke selbst kaum beschriftet sind.

Informationen zu Öffnungszeiten und Eintrittspreisen findet man auf der Homepage des Museums: www.josephinum.ac.at

Währinger Str. 25, 1090 Wien, Österreich

Geniale Architektur

Die Wotrubakirche in Wien

»Etwas gestalten, das zeigt, dass Armut nicht hässlich sein muss, dass Entsagen in einer Umgebung sein kann, die trotz größter Einfachheit schön ist und auch glücklich macht.« Mit diesen Worten beschrieb der Bildhauer Fritz Wotruba seinen Entwurf für die Kirche Zur Heiligsten Dreifaltigkeit, die in Wien und der Welt allerdings überall nur als Wotrubakirche und Meisterwerk des Brutalismus bekannt ist. Das römisch-katholische Gotteshaus wurde von 1974 bis 1976 erbaut und setzt sich aus 152 rohen Betonblöcken zusammen, die in ihrer mitunter willkürlich anmutenden Zusammenstellung wie ein modernes Stonehenge wirken. Hinzu kommt, dass die Kirche auf dem 328 Meter hohen Georgenberg förmlich zu thronen scheint. Die Wotrubakirche ist definitiv ein Gebäude, das einen spüren lässt, was Schöpfungskraft bedeutet.

Wissenswertes zur Kirche, zu Gottesdiensten und Sonderveranstaltungen kann man hier nachlesen: www.georgenberg.at

Ottillingerpl. 1, 1230 Wien, Österreich

Geschichte hautnah

Die Flaktürme im Wiener Augarten

Noch immer stehen sechs Flaktürme aus der Zeit des Zweiten Weltkrieges in Wien. Genauer gesagt im Augarten, einem etwa 52 Hektar großen Park im zweiten Wiener Gemeindebezirk. Die dort fast 50 Meter aufragenden mächtigen Betonklötze sind stumme, aber eindrucksvolle Zeugen einer Zeit, die mehr und mehr in Vergessenheit gerät. Oder, was sogar noch schlimmer ist, immer öfter verharmlost wird. Im Augarten finden sich zwei der sechs Türme. Sie gelten als die modernsten und wurden erst im Januar 1945 fertiggestellt. Bis zu 2,5 Meter dicke Wände und eine 3,5 Meter dicke Decke sollten die Türme vor Bombeneinschlägen schützen. Innen waren sie mit Munitionsaufzügen, Dusch- und Aufenthaltsräumen und den Geschützständen ausgestattet. Auch wenn viele Wiener die Türme für Schandflecken halten, sind sie noch immer ein imposantes Mahnmal. Die Türme stehen für eine Zeit, die uns mit all ihren Gefahren vielleicht näher ist, als wir uns gern eingestehen wollen.

Augarten, 1020 Wien, Österreich

Naturwunder

Der Grüne See von Tragöß-Sankt Katharein

Ist der da? Oder ist er nicht da? Beziehungsweise: Wie viel ist von ihm da? Der Grüne See ist ein Überraschungsei für die Besucher, denn sein Pegelstand hängt vom Schmelzwasser aus den umliegenden Bergen ab. Im Frühjahr können daher Wanderwege samt Bänken, Wiesen und Sträuchern im klaren Wasser des Sees verschwunden sein. Ein Paradies für Taucher. Im Winter wiederum stehen sie umsonst mit ihren Sauerstoffflaschen am Ufer des Sees. Wenn es überhaupt noch ein Ufer gibt. Es kann passieren, dass der See dann nur noch eine große Pfütze ist. Der Name des Sees, der mal da ist und mal nicht, leitet sich von der intensiven Grünfärbung seines Wassers ab

Schattenberg 70, 8612 Tragöß-Sankt Katharein, Österreich

Naturwunder

Die Tauplitzer Steinzeithöhle

Was für ein Ausblick! Hat man von der Bahnstation Tauplitz den rund 4 Kilometer langen Weg zum Lieglloch gemeistert, wird man reich belohnt. Der Blick aus der rund 15 Meter hohen Portalhöhe über das Tal auf den Grimming ist wunderschön. Sogar eine Bank wurde im Eingangsbereich der Höhle aufgestellt, auf der man es sich gemütlich machen kann. Die herrliche Aussicht ist das eine, das andere ist die Höhle selbst. Steinzeitliche Funde wie zum Beispiel Knochenflöten beweisen, dass Menschen hier bereits vor tausenden Jahren Zuflucht gefunden haben. Allein waren sie allerdings nicht. Auch Bären wussten die Höhle als Wohnstatt zu schätzen. Neben dem markanten Eingangsbereich führt zudem ein Gang weiter in die Höhle hinein. Wer mutig genug ist, sollte daher unbedingt eine Stirnlampe einpacken, um die Steinzeithöhle besser erkunden zu können.

Forststraße, 8982 Tauplitz, Österreich

Abenteuer

Die Charles Kuonen Hängebrücke in Randa

Nepal-Feeling in der Schweiz. Das verspricht und hält die fast 500 Meter lange Charles Kuonen Brücke. Und bei der handelt es sich nicht etwa um eine Touristenattraktion, für die man Eintritt bezahlen muss, sondern einfach um eine Brücke, die dort steht (beziehungsweise hängt), wo sie benötigt wird. Die in den Rekordlisten sehr weit vorne stehende Hängebrücke führt in 85 Metern Höhe über das Mattertal und ist Teil des sogenannten Europawegs. Was die Brücke so besonders macht, ist nicht nur ihre schiere Länge, sondern auch die Einbettung in eine fantastische Berglandschaft. Einen praktischen Nutzen hat die Brücke ebenfalls: Ohne sie müssten Wanderer einen Umweg mit zusätzlichen 500 Höhenmetern durch ein von Steinschlag gefährdetes Gebiet auf sich nehmen.

Die Brücke ist von Mai bis Oktober passierbar. Im Winter bleibt sie aus Sicherheitsgründen geschlossen.

3928 Randa, Schweiz

Kraftorte

Der unterirdische See von Saint-Léonard

Der unterirdische See Lac Sutterain ist der größte natürliche unterirdische See Europas. Jedenfalls von denen, die bisher entdeckt wurden. Er ist rund 300 Meter lang und 20 Meter breit. Der See, beziehungsweise der Zugang zum See, entstand nach einem Erdbeben im Jahr 1946, durch das sich der Wasserspiegel in der unterirdischen Höhle weit genug absenkte, um den See nun über einen Zugang erreichen zu können. Drei Jahre später wurden bereits die ersten Bootstouren auf dem unterirdischen See angeboten. Nachdem sich im Jahr 2000 ein 2 Tonnen schwerer Felsbrocken aus der Decke löste, musste die Höhle drei Jahre lang aufwendig saniert werden. Das Gestein der Höhle besteht aus Schiefer, Marmor und Gips, wobei Letzterer auch für die Entstehung der Höhle verantwortlich ist. Große Gipsmassen wurden durch eindringendes Wasser ausgewaschen, sodass sich der Hohlraum unter der Erde formen konnte. Beim Auswaschen des Gipses entstand wiederum eisenhaltiger Lehm, der den Seegrund abdichtet. Die Wassertemperatur liegt konstant bei 11 Grad Celsius. Die Fahrt auf dem See fühlt sich ein wenig so an, als würde man vom grimmigen Fährmann Charon persönlich in die Unterwelt gefahren werden.

In der Höhle finden nicht nur Bootstouren, sondern regelmäßig auch Konzerte statt. Zudem kann der Ort für private Events gebucht werden. Informationen dazu sowie zu Eintrittspreisen und der verpflichtenden Online-Reservierung kann man auf der Homepage des Lac Sutterain nachlesen: www.lac-souterrain.com

CP 75, Rue du Lac 21, 1958 Saint-Léonard, Schweiz

Schräge Museen

Die Museumsbar in Gruyères

Wer auf Science-Fiction steht, für den ist ein Drink in der Bar des »Musée H.R.Giger« in Gruyère ein Muss. In dem Museum sind zahlreiche Figuren und Designs aus der Privaten Sammlung des Künstlers Hans Ruedi Giger ausgestellt, der 1980 für die Mitarbeit am Film *Alien* den Oscar für die besten visuellen Effekte erhielt. Highlight des Museums ist jedoch die Bar, deren Architektur eine Hommage an Gigers visionäre Ästhetik ist. Die Deckenstruktur der Bar zeichnet riesige Skelettstränge nach. Die Sessel erinnern an die Kommandostühle eines Alienraumschiffs. In die Bodenplatten sind geheimnisvolle Reliefstrukturen gearbeitet. Atmosphärisch ist das hier einfach ganz großes Kino. Die Bar, die sich im Château St. Germain befindet, öffnete ihre Türen im Jahr 2003 und zieht seitdem Kunst- und Filmfans aus aller Welt an. Dieser Ort ist nicht nur eine Bar, sondern ein immersives Kunstwerk, das die Grenzen zwischen Realität und Fiktion verschwimmen lässt.

Rue du Château 3, 1663 Gruyères, Schweiz

Kraftorte

Das anschmiegsame Gasthaus in den Schweizer Bergen

Ist das Berggasthaus Aescher der schönste Ort der Welt? Zumindest ziert das Haus das Cover eines *National Geographic*-Buches aus dem Jahr 2015, in dem 225 der faszinierendsten Orte der Welt vorgestellt werden. Das historische Berghaus schmiegt sich wie keine anderes derart an den Felsen, dass es mit ihm verwachsen scheint. Es befindet sich auf moderaten 1587 Meter Höhe. Über dem Haus türmt sich die Felswand der Ebenalp jedoch noch einmal fast 100 Meter in die Höhe. Vor der Hütte fallen die umliegenden Berg- und Almwiesen wiederum steil ab. Ein einmaliges Setting. Das Berggasthaus Aescher kann auf einer rund 11 Kilometer langen Rundtour vom Bahnhof Wasserauen aus erkundet werden. Ganz in der Nähe lohnt auch noch die Besichtigung eines alten Eremitenhauses, ebenfalls herrlich in exponierter Höhen- und Höhlenlage gelegen.

Auf der Homepage des Berggasthauses findet man unter anderem Informationen zur Historie, zu Einkehr- und Übernachtungsmöglichkeiten: www.aescher.ch

Aescher 1, 9057 Schwende, Schweiz

Register

Abenteuer

Achtung Kunst!

Geniale Architektur

Geschichte hautnah

Gruseliges

Kraftorte

Landmarke

Naturwunder

Ruinen und Lost Places

Schräge Museen

?! Völlig verrückt

Bildnachweise

Adobe Stock/vnevo; UKRAINIAN; M-KOS; Joe Gough; Driek; JeanLuc; Photocolorsteph; Christophe; julia700702; timsimages.uk; Pixelshop; JeanLuc Ichard; jojojo07; mrpluck; matteo scarano; Yvann K; Christophe Rubin; JRJfin; Studio Laure; Mathieu; PackShot; kovalenkovpetr; PixelBiss; familie-eisenlohr.de; Peter de Kievith; Tom Richards; johnmerlin; Rainer Mirau; Michal; schame87; Lari; Adrian Fässler; Digihelion; Andy; YiannisMantas; Lefteris Papaulakis; harisvithoulkas; rannica; AuryEos; Roberto Contini; Taljat; Tupungato; Giuma; franco ricci; Richard Semik; Emilia71; Thomas; Alen; dragoncello; dreamer4787; tobago77; LuísPinto; Lukas; Emil; luis; SoniaBonet; Marcin; Petr; Elena; Ivan; Darek Bednarek; anna.stasiia; Piotr; mehdi33300; marketa-novakova; Albin Marciniak; Scarfeian/Wirestock; salajean; RetoricMedia; yournameonstones; Marcin; Grigory Bruev; Oldskool-Photography; jonnysek; Massimo Santi; Regik; goodman_ekim; OliverFoerstner; Markus; Stocked House Studio; Aerial Film Studio; Sen; Wave Digital Arts; Lukasz; DFuller; andreaobzerova; gregfellmann; Tommy Larey; ako-photography; TomR; Iryna; Danita Delimont; Xebeche; Bibhash; Kushnirov Avraham

Imago Images/robertharding; Arcaid Images; imagebroker; YAY Images; TT

Shutterstock/Borja Andreu; Mark Rademaker; cavidali; Macrovector

Über den Autor

Daniel Wiechmann, Jahrgang 1974, ist in Berlin aufgewachsen. Er besuchte die Journalistenschule in München und wurde dort zum Redakteur ausgebildet. Im riva Verlag hat er bereits zahlreiche Bücher veröffentlicht, darunter den Megabestseller *Der verrückteste Reiseführer Deutschlands* (2022). Er lebt und arbeitet in München.

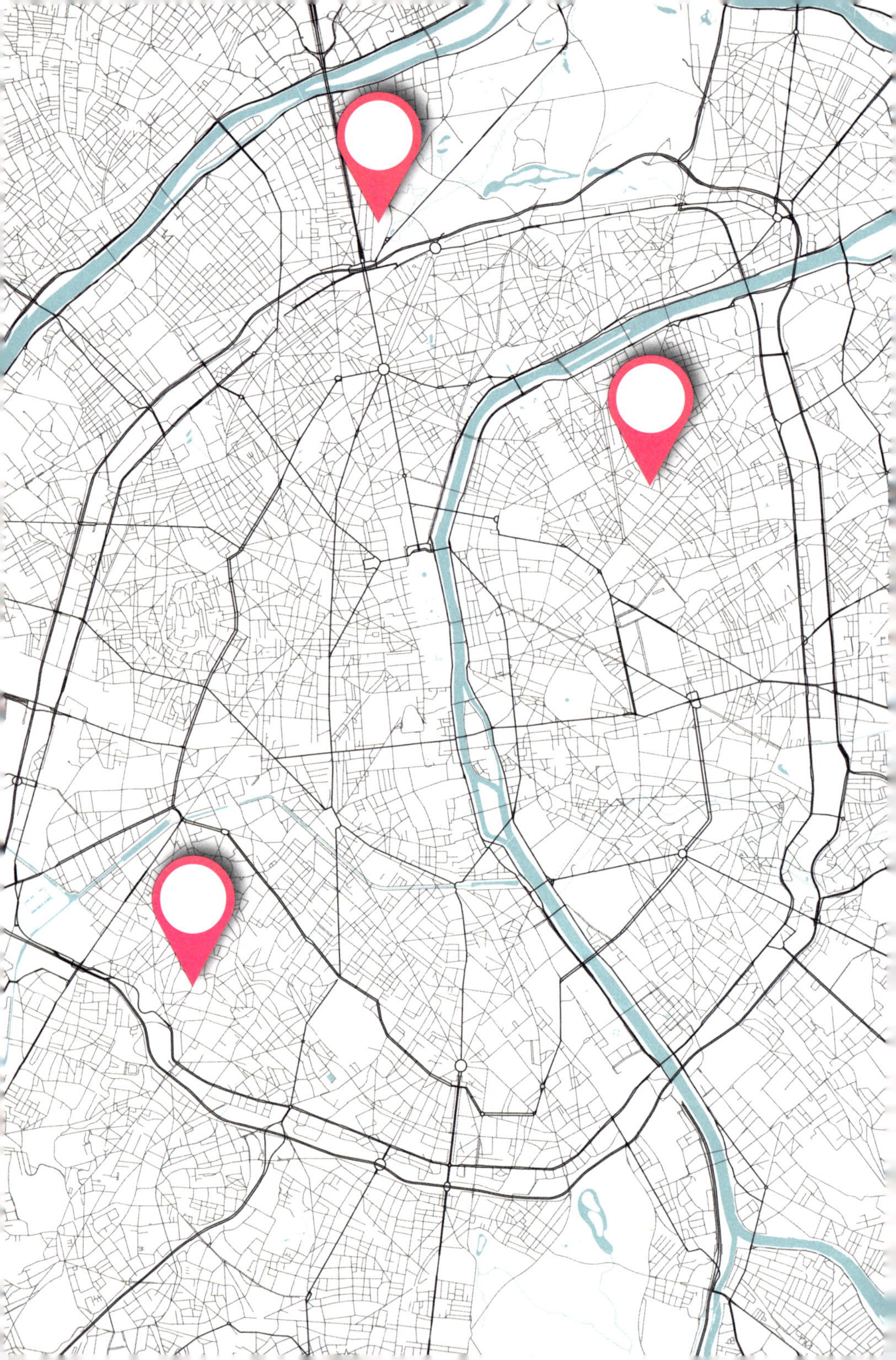